Die Lieder
Walthers von der Vogelweide

Unter Beifügung
erhaltener und erschlossener Melodien
neu herausgegeben

von

FRIEDRICH MAURER

2. Bändchen

DIE LIEBESLIEDER

MAX NIEMEYER VERLAG TÜBINGEN 1956

ALTDEUTSCHE TEXTBIBLIOTHEK
BEGRÜNDET VON HERMANN PAUL †
HERAUSGEGEBEN VON HUGO KUHN
NR. 47

Printed in Germany

Satz und Druck H. Laupp jr Tübingen

PAUL KLUCKHOHN

HERMANN SCHNEIDER

septuagenariis venerabilissimis

Inhalt

	Seite
Vorwort	9
Abkürzungen im Apparat	35

I. Die frühen Lieder (vor 1198 entstanden) 37

31. Die Augen des Herzens	(L. 99, 6)	37
32. Botschaft	(L. 112, 35)	38
33. Verlegenheit	(L. 115, 6)	39
34. Klage und Trost	(L. 119, 17)	40
35. Rechte Minne	(L. 13, 33)	41
36. Liebesglück	(L. 109, 1)	43
37. Zwiegespräch I (Abgelehnte Werbung)	(L. 85, 34)	44

Lieder der ersten Fehde mit Reinmar

Reinmar 13: Der Ostertag	(MF. 170, 1)	47
Reinmar 14: „Matt!"	(MF. 159, 1)	47
38. „Gegenmatt"	(L. 111, 22)	49
Reinmar 15: Abwehr	(MF. 196, 35)	49
39. Monolog (Die *frouwe* in der Entscheidung)	(L. 113, 31)	50
40. *Wibes* und *mannes* heil	(L. 71, 35)	52
Reinmar „22": „Bekenntnis"	(MF. 178, 1)	53
41. Wiederholte Werbung	(MF. 214, 34 + L. 120, 16)	54

II. Lieder aus der „Wanderzeit" (1198–1203; manche vielleicht später). 57

42. Mailied	(L. 51, 13) (mit Melodie)	57
43. Gegen die Sorgen	(L. 42, 31)	59
44. Winter	(L. 39, 1)	60
45. Klage	(L. 117, 29)	61
46. Liebesseligkeit	(L. 118, 24)	62
47. Enttäuschung	(L. 112, 3)	64
48. Frühlingslied	(L. 114, 23)	64

III. Lieder aus der Zeit des Preislieds (der ersten Rückkehr nach Wien und der zweiten Auseinandersetzung mit Reinmar 1203–1205) 66

Reinmar 16: „Preislied"	(MF. 165, 10)	66
49. Preislied	(L. 56, 14)	67
50. Vergessener Dank	(L. 100, 3)	69
51. Zwiegespräch II (Eifersucht)	(L. 70, 22)	70
52. *Staete*	(L. 96, 29)	71
53. *Herzeliebe*	(L. 70, 1)	72
54. Was ist Minne?	(L. 69, 1)	74
55. Macht der Minne	(L. 54, 37 + 55, 35)	75

		Seite
56. Verlorene Zeit	(L. 52, 23)	78
57. Die Zauberin	(L. 115, 30)	79
58. Vor Gericht	(L. 40, 19)	81
59. Klage	(L. 90, 15)	82
Reinmar 24: „Stirbet si, so bin ich tot"	(MF. 158, 1)	84
60. Drohung: *Sumerlaten*-Lied	(L. 72, 31)	85
Reinmar 25: „Begegnung"	(MF. 163, 23)	87

IV. Mädchenlieder (von 1205 ab) 89

61. Erste Begegnung	(L. 110, 13) (mit Melodie)	89
62. Schönheit und Liebreiz	(L. 49, 25)	90
63. Rechte Liebe	(L. 50, 19)	91
64. Halmorakel	(L. 65, 33)	93
65. Traumliebe	(L. 74, 20)	94
66. Frauenschönheit	(L. 53, 25) (mit Melodie)	96
67. Traumglück	(L. 94, 11)	99
68. Unter der Linde	(L. 39, 11)	101
69. Vokalspiel	(L. 75, 25)	102
70. Mißstimmung	(L. 110, 27)	103

V. Lieder der neuen hohen Minne (von 1205 bis etwa 1220) . 104

71. Wer ist schuld?	(L. 44, 35)	104
72. *Wip* und *frowe*	(L. 47, 36)	105
73. Trostlied	(L. 58, 21)	108
74. Wert der Minne I	(L. 92, 9)	110
75. Wert der Minne II	(L. 95, 17)	112
76. Die Hartherzige	(L. 112, 17)	114
77. *Frowe* und *friundin*	(L. 63, 8)	114
78. Zwiegespräch III: Über edlen Anstand	(L. 43, 9)	115
79. Frühling und Frauen	(L. 45, 37)	118
80. Frau *Mâze*	(L. 46, 32)	119
81. Veränderliche Welt	(L. 59, 37)	120
82. Der Minne Sitte	(L. 57, 32)	122
83. Freude einst und jetzt	(L. 116, 33)	123
84. Kaiser und Spielmann	(L. 62, 6)	125
85. Minnesorgen	(L. 97, 34/5)	126
86. Gegen die *lügenaere*	(L. 44, 11)	128
87. Zwiefach verschlossen	(L. 93, 19)	130
88. Hildegunde	(L. 73, 23)	131
89. *Wânwîse*	(L. 184, 1)	132
90. Abwehr	(L. 61, 33)	133

VI. Späte Lieder (etwa aus dem letzten Jahrzehnt) 135

91. Tagelied	(L. 88, 9/10) (mit Melodie)	135
92. Gegen die Merker	(L. 63, 32)	138
93. Gegen die dörperlichen Sänger	(L. 64, 31)	140
94. Resignation	(L. 41, 13)	141
95. Ein Kunststück	(L. 47, 16)	143

INHALT

Seite

Anhang I: Zusatzstrophen zu echten Liedern 144

   Zu Lied 44 (= L. 39, 1): „Winter"   (L. 167, 1) . . 144
   Zu Lied 54 (= L. 69, 1): „Was ist Minne"   (L. 190, 1) . . 144
   Zu Lied 56 (= L. 52, 23): „Verlorene Zeit"   (L. 177, 1) . . 145
   Zu Lied 58 (= L. 40, 19): „Vor Gericht"   (L. 168, 1) . . 145
   Zu Lied 63 (= L. 50, 19): „Rechte Liebe"   (L. 176, 1) . . 146
   Zu Lied 64 (= L. 65, 33): „Halmorakel"   (L. 187, 1) . . 146
   Zu Lied 81 (= L. 59, 37): „Veränderliche Welt" (L. 182, 1) . . 146
   Zu Lied 82 (= L. 57, 23): „Der Minne Sitte"   (L. 181, 1) . . 147
   Zu Lied 92 (= L. 63, 32): „Gegen die Merker" (L. 187, 1(1)) . 147
   Zu Lied 95 (= L. 47, 16): „Ein Kunststück"   (L. 174, 1) . . 148

   Nachtrag: Im Ton des Palästinalieds   (L. 139, 1) . . 148

Anhang II: Zweifelhafte und unechte Lieder 149

    96. Vermächtnis   (L. 60, 34) 149
    97. Im gleichen Ton   (L. 183, 1) 150
    98. Preis der Minne   (L. 91, 17) 151
    99. Nachruf   (L. 108, 6) 152
   100. *Selpvar ein wip*   (L. 111, 12) 153
   101. Halbes Glück   (L. 120, 25) 153
   102. *Ein wip mit wibes güete* (L. 166, 21) 155
   103. Minnesorgen   (MF. 84, 37) 156
   104. *Wol mich lieber maere* (MF. 203, 24) 158
   105. *Ja lige ich mit gedanken*   (L. XIII, 1) 159
   106. *Herzeliebez frouwelin*   (L. XIII, 11) 159
   107. *Ja waz wirt der kleinen vogeline?* (L. XV, 1) 159
   108. *Wie han ich unsaelic man*   (L. XVII, 31) 160
   109. *Ez was an einer wünneclichen stat* (L. XXVI, 1(1)) 161
   110. *Ez sprach ein wip bi Rine* (L. XXVI, 1(2)) 162

Verzeichnis der Strophenanfänge (nach den Reimen) 164

Konkordanz mit der Strophenfolge Lachmanns 172

Vorwort

Hermann Schneider hat in der ausführlichen Anzeige, die er den „Untersuchungen" Carls von Kraus zu Walther von der Vogelweide sowie seiner 10. Auflage des Lachmannschen Textes gewidmet hat[1]), besonders nachdrücklich den Wunsch formuliert, der auch nach jenen so fördernden, ja entscheidenden Bemühungen Krausens offen geblieben ist: daß auch in der Einrichtung der Ausgabe und in der Auswahl und Anordnung der Lieder endlich dem heutigen Stand der Forschung Rechnung getragen werde. Drei Punkte nennt Schneider, die seine Bedenken betreffen: die Schwierigkeit und Kompliziertheit, ja z. T. „Ungeheuerlichkeit" der Weise des Zitierens (immer noch nach der Lachmannschen Seiten- und Zeilenzählung); die Scheidung und Kennzeichnung von echten und unechten Liedern; die Anordnung der Lieder überhaupt. Eingeschlossen, ohne ausdrücklich genannt zu sein, ist dabei ein weiteres Problem, das Schuld trägt an manchen Teilen dieser Komplikationen und Unzulänglichkeiten: die Klärung des Verhältnisses der zum gleichen Ton gehörigen Strophen, d. h. in einer Reihe von Fällen die Klärung der Frage: ein Lied oder mehrere des gleichen Tons ? und der anderen Frage: wie sind die Strophen in solchen Fällen nacheinander zu ordnen? Nur das erste dieser Probleme, die Frage des Zitierens und der Sorge für klare Zitierungsmöglichkeit ist relativ einfach von außen zu lösen. Man entschließe sich zu einer Numerierung der Lieder, zähle die Strophen sowie die Zeilen jeder Strophe durch und zitiere danach, so wie es z. B. C. von Kraus schon in der großen Ausgabe der Minnesänger des 13. Jahrhunderts gemacht hat. Man kann des weiteren, wie es schon Wilmanns-Michels taten und wie neuerdings H. Brinkmann besonders nachdrücklich gefordert hat, jedem Lied einen „Namen" geben (der dann allerdings möglichst kennzeichnend und allgemein gebraucht sein müßte).

Die andern oben angerührten Probleme führen sämtlich sofort tief in die Waltherkritik und -forschung hinein. Denn die Frage der Anordnung der Lieder; die Forderung nach der Ausscheidung des Unechten; die Entscheidung der Zusammenfügung oder Trennung von

---

[1]) AfdA. 55, 124 f. Vgl. auch Alfred Kracher, Zur Gestaltung einer neuen Walther-Ausgabe. Anz. d. Phil.-Hist. Klasse d. Österreich. Akademie d. Wissensch., Jahrg. 1952, Nr. 22, S. 350 ff.

Strophen des gleichen Tons sowie ihre Abfolge im Lied, sie setzen begründete Stellungnahme zur Überlieferung und zur bisherigen Forschung voraus. Es scheint mir möglich, daß auch C. von Kraus am Ende seiner großen und tiefgreifenden Forschungen zu Walther vor der letzten Konsequenz: ihrer praktischen Verwirklichung in einer Ausgabe zurückhaltend war, weil ihm wie keinem andern vielleicht doch ein Rest von Unsicherheit und die Schwierigkeit voller praktischer Entscheidung für jedes Lied (wie sie die Ausgabe forderte) im Bewußtsein standen. Vielleicht konnte er deshalb nicht den Entschluß fassen, wie es dann Hans Böhm getan hat, die Ergebnisse seiner „Untersuchungen" in eine Ausgabe umzusetzen; vielleicht hat er deshalb es vorgezogen, bei Lachmanns Ausgabe zu bleiben, sie nur behelfsmäßig zurechtzubiegen mit dem Effekt allerdings, daß sie jene argen Mängel hat, die H. Schneider bei Namen nennt.

Das Problem der Anordnung der Lieder ist für jede Ausgabe das erste und das entscheidende für ihr Gesicht. So hat es denn auch alle Herausgeber beschäftigt, soweit sie nicht wie Lachmann (und Kraus) oder wie Wilmanns-Michels, die sich ihm anschlossen, darauf verzichtet haben, über die Wiedergabe der zufälligen Inhalte der einzelnen Handschriften hinauszugehen. Man kann sich verschiedene Prinzipien der Anordnung denken; eines ist das chronologische, ein anderes das sachliche Prinzip; auch eine Verbindung von beiden ist möglich. Weitere Gesichtspunkte (auf Prinzipien der Form etwa ruhend) sind denkbar.

Schon Wackernagel und Rieger, die die erste und bis zu C. von Kraus wohl bedeutendste Fortführung von Lachmanns Bemühung um Walther geboten haben[1]), hatten die Mängel von Lachmanns „zufälliger Reihenfolge der Gedichte" erkannt. Sie stellten bereits (wie vor ihnen Simrock) die „von Minne, Frauen und weltlicher Freude handelnden Gedichte nebst einigen über Winter und Sommer" in eine erste, alles Übrige in eine zweite Abteilung (in dieser auf die weitere Scheidung Simrocks in „Gottes- und Herrendienst", oder in „religiöse" und „politische" Lieder verzichtend). Und schon Wackernagel und Rieger haben in jener ersten Abteilung, die uns hier besonders angeht, „eine Anordnung nach den zahlreich vorhandenen chronologischen Anhaltspunkten versucht ... mit der Maßgabe, daß die Töne nicht auseinandergerissen wurden" (Einl. VI). Wo zur „Mutmaßung" der zeit-

---

[1]) Walther von der Vogelweide nebst Ulrich von Singenberg und Leutold von Seven, herausgegeben von Wilh. Wackernagel und Max Rieger. Gießen 1862.

lichen Abfolge „jeder Anhalt fehlt", ließen Wackernagel-Rieger „die Verwandtschaft des Inhalts oder der Form maßgebend" sein. Worauf ruhten aber die „chronologischen Mutmaßungen"? Zu einem guten Teil auf biographischer Ausdeutung der Lieder. Die einzelnen „Liebesverhältnisse" gaben den biographischen Leitfaden für eine solche Chronologie ab, und Wackernagel-Rieger gingen von „nicht mehr als zwei" solcher Verhältnisse aus: „eins mit einem Bauernmädchen, eines mit einer Dame", denn: „nur seinen Übergang von einer niederen Minne zu einer hohen meldet" Walther (S. VIII). Innerhalb der beiden Kreise werden die Lieder zu einer „Art fortschreitender Handlung" geordnet; doch muß an der Spitze dieser ganzen Abteilung noch eine Anzahl von Liedern stehen, „die in keiner von beiden Reihen der Liebeslieder, weder in der niederen noch in der hohen Minne, und auch nicht nach der letzteren auf einen Platz Anspruch hatten" (S. IX). Bei aller Hochachtung vor den Leistungen, die Wackernagels Ausgabe für den Text der Lieder im einzelnen erbracht hat, diese Art „chronologischer" Anordnung ist für uns nicht brauchbar. Andere Herausgeber sind denn auch noch stärker der sachlichen Anordnung gefolgt. So hat H. Paul[1]), um nur ihn noch zu nennen, in seiner ersten „Hauptabteilung" (die zweite „umfaßt die Gedichte, die sich mit Moral, Religion, Politik und persönlichen Angelegenheiten des Dichters beschäftigen") so geordnet: Voran die „reinen Minnelieder", und zwar die, „die ihrem Charakter nach den Reimarischen am nächsten verwandt sind"; es folgen „die auf die niedere Minne, dann die übrigen auf hohe Minne bezüglichen", schließlich diejenigen, „in denen der Minnesang mit Reflexionen über die gesellschaftlichen Verhältnisse untermischt" ist und die, „die gar keine Beziehung auf ein Minneverhältnis enthalten". Hier ist also zwar jene biographische Chronologie unterlassen: zugleich ist aber der chronologische Gesichtspunkt überhaupt bis auf jenes Minimum, „Lieder Reinmarscher Art", aufgegeben. Und doch hatte gleichzeitig K. Burdach gewichtige Beiträge zu einer zeitlichen Ordnung der Lieder Walthers geliefert[2]).

Den entscheidenden Schritt zu einer echten Chronologie der Lieder Walthers hat erst C. von Kraus getan[3]). Er hat, fußend auf den Arbeiten von Burdach, Wilmanns, Halbach u. a. und geschult an seiner

---
[1]) Die Gedichte Walthers von der Vogelweide, herausgegeben von Hermann Paul, Halle 1881. 5. Aufl. 1921.
[2]) Reinmar der Alte und Walther von der Vogelweide. Leipzig, 1880.
[3]) Walther von der Vogelweide. Untersuchungen 1935.

eigenen eindringenden Arbeit an Reimar seine „Untersuchungen" ausgerichtet und sie gipfeln lassen in dem „Versuch einer zeitlichen Anordnung der Lieder". Unter dieser Überschrift werden (auf S. 487/88) sechs Gruppen genannt: eine „Älteste Gruppe"; eine „Gruppe des Preislieds"; „Niedere Minne"; „Neuerliche Hohe Minne"; „Späteste Lieder" und „Unsichere". Jene Überschrift trägt wohl die Schuld daran, wenn heute häufig abgekürzt die Krausschen Gruppen als rein zeitliche Abfolge angesehen werden. Tatsächlich sind sie das aber nur zum Teil, und Kraus selber hat durch eine zweite, genauere Überschrift, die er auf S. 489 dem Register zu den gleichen Gruppen gibt, das ausgesprochen: hier heißt es „Die Lieder nach zeitlichen oder sonstigen Gruppen". Dies läßt aufmerken, und tatsächlich ist die Ordnung chronologisch und sachlich zugleich. Sie ist dies nicht nur in dem Sinn, daß durch sachliche Kriterien zeitliche Gruppierung erreicht wäre: vielmehr bleibt sie z. T. außerhalb der zeitlichen Reihung bei der rein sachlichen Ordnung. Dies muß ausdrücklich betont werden, da gelegentlich aus Kraus (und offenbar aus jener ersten Überschrift) die Folgerung gezogen worden ist, als ob z. B. die Lieder der „Niederen Minne" sämtlich rein zeitlich zwischen die „Gruppe des Preislieds" und die Lieder der „Neuerlichen Hohen Minne" angesetzt werden könnten.

Doch betrachten wir die Krausschen Gruppen im einzelnen. Ist diese Gruppierung überzeugend? Wie weit scheinen die Zuweisungen gesichert? Von der Reihenfolge der Lieder innerhalb der Gruppen sehen wir zunächst ab. Am raschesten lassen sich die Gruppen V und VI besprechen. Gruppe VI „Zeitlich unbestimmbare Lieder" enthält den Leich, das Palästinalied, das Kunststück L 47, 16 *(Ich minne sinne lange zit)*, das Kreuzlied und das gegen Neidhart gerichtete L. 64, 31 *(Owe hovelichez singen)*. Was die religiösen Lieder betrifft, so können sie bei dem vorliegenden Versuch außer Betracht bleiben. Vielleicht kann später über die Zeit der Abfassung des Leichs, des Palästinalieds, des Kreuzlieds noch etwas gesagt werden. Daß sie Kraus nicht alle unbesehen der Spätzeit zuweist, scheint mir richtig und ein Verdienst seiner besonnenen Erwägung. Die Zeit des „Kunststücks" scheint auch mir unsicher und kaum festlegbar; dagegen wird man L. 64, 31 doch mit ziemlicher Sicherheit der Spätgruppe zuweisen dürfen.

Diese Gruppe der „Letzten Lieder" (Gruppe V) umfaßt bei Kraus nur „Alterston", „Absage an die Welt", „Elegie "und „Herrendienst" (L. 102, 29 *Mir ist diu êre unmaere*); dazu L. 41, 13 *(Ich bin als unschedeliche fro)*. Fast alle sind zweifellos späte Lieder. Sie (wie auch jenes Lied gegen Neidhart) mögen etwa in das letzte Jahrzehnt, die zwanziger Jahre, gehören. Für die Absage an die Welt könnten sich von der Form her Zweifel erheben; doch beschäftigen sie uns hier nicht.

Von den vier andern Gruppen Carls von Kraus sind zwei vom Thema her bestimmt: die Lieder der ersten und der vierten; jene Idee von der Gleichrangigkeit und der Gleichwertigkeit der beiden Partner und die Verknüpfung des Gedankens der *herzeliebe* mit dem der *tiurenden* Kraft des Dienstes für die *frowe* legt in der Tat diejenigen Lieder eindeutig in die spätere Zeit Walthers, in denen jene Ideen sich aufweisen lassen. Man wird auf diesem Weg eine sichere Gruppe zeitlich festlegbarer und zusammengehöriger Lieder erkennen, wenn sich vielleicht auch nicht alle (und vielleicht auch nicht nur sie) dort finden werden, die bei Kraus als Gruppe IV stehen. Man könnte denken, daß die Gruppe III in der gleichen Weise festlegbar sei: aber die Idee der „niederen Minne" scheint mir nicht den gleichen Dienst leisten zu können. Denn diese „Mädchenlieder", wie wir sie doch lieber und besser nennen, sind zwar gewiß erst von einem bestimmten Zeitpunkt an möglich; die Auseinandersetzungen mit Reimar und der alten Idee des hohen Minnewerbens müssen vorausliegen. Aber es scheint mir nicht zwingend, daß dann sämtliche Mädchen- und Naturlieder eine zeitliche Gruppe bilden. Vielmehr werden Gruppe III und IV zeitlich fließend ineinander übergreifen; das Thema *herzeliebe* verbindet alle diese Lieder. Bleibt man sich dieser Tatsachen bewußt, so wird man nicht in allen Fällen zu einer Entscheidung kommen können, auch nicht kommen müssen und nicht kommen wollen: Lieder wie die im so nahe verwandten Ton gesungenen L. 112, 3 und 63, 8 stehen dann bei Kraus (als III s und IV k) nur scheinbar weit auseinander. L. 117, 29 ff. *(Nu sing ich als ich ê sanc)* und 118, 24 *(Ich bin nu so rehte fro)* brauchen dann nicht als Lieder der „Niederen Minne" deklariert zu werden. Gewisse „Naturlieder" scheinen mir andererseits, da sie nicht die Erringung jener neuen Minne-Auffassung voraussetzen, durchaus auch früher denkbar, besonders wenn andere Kriterien für eine frühe Ansetzung sprechen. So wären also diese Lieder der Gruppe III „Lieder vagantisch-volkstümlichen Tons" (wie sie H. de Boor sehr treffend nennt) nur mit Einschränkungen eine zeitliche Gruppe. Daß sie Kraus nicht unbedingt als zeitliche Einheit sieht, ist bei näherem Eindringen auch auf andere Weise deutlich; sagt er doch z. B. daß III f (50, 19) „unmittelbar vor II g (69, 1) gehört".

Die Gruppe I von C. v. Kraus dagegen könnte man ähnlich der vierten thematisch bilden: sicher gehören zu ihr die Lieder, die noch eindeutig die später überwundenen Themen und Konventionen der hohen Minne früher traditioneller Art verwenden. Nicht alle Lieder, die Kraus in seine Gruppe I stellt, hat er aus diesem Grund dort zugeordnet. Man wird zu prüfen haben, wieweit die ästhetischen oder andern Zuweisungsgründe überzeugen und bestehen können. Aber ein fester Kern wird sich sicher hier bilden. Dazu rechne ich die Lieder L. 99, 6; 112, 35; 115, 6; 119, 17; 13, 33; 109, 1.

In der Gruppe II schließlich hat Kraus solche Lieder versammelt, die in „(un)mittelbarer Beziehung zum Preislied 56, 14" stehen. Kriterien verschiedenster Art stellen hier einen echten (auch zeitlichen) Zusammenhang her, wenn auch z. T. und besonders bei den gegen Ende der Gruppe aufgeführten Liedern die Beziehungen recht locker sind und von anderen überdeckt werden.

Im ganzen bleibt das Ergebnis: Kraus hat entscheidende Schritte zu einer echten Chronologie getan. Die praktische Auswertung hat Hans Böhm in seiner Ausgabe von 1944[1]) vollzogen: hier stehen alle Lieder an der von Kraus genannten Stelle; auch alle „Sprüche" sind an dem angeblich für jede Strophe erschlossenen Zeitpunkt eingefügt (dabei die Strophen des gleichen Tons jeweils z. T. weit voneinander getrennt).

Nun sind aber in den beiden letzten Jahrzehnten andere Versuche und weitere Beiträge zur Chronologie der Lieder Walthers geleistet worden, die sich z. T. erheblich von den Vorschlägen Carls von Kraus entfernen; mit ihnen ist eine Auseinandersetzung nötig, damit dann ihnen und auch C. von Kraus gegenüber eine Entscheidung gesucht werden kann. Halbachs[2]) erhebliche Abweichungen, die er in der Besprechung der Krausschen Untersuchungen angedeutet hat, sind inzwischen weitgehend zurückgenommen worden. Daß die Lieder L. 92, 9 bis 100, 2 „älteste" Walthersche Lieder seien, scheint mir außer für L. 99, 6 (Unsere Nr. 1) undenkbar. Dagegen ist es ein Teilergebnis auch unserer folgenden Erörterung, daß die Gruppen III und IV Carls von Kraus zwar nicht „zerbröckeln", aber sich doch in Teile spalten, „die sich der zeitlichen Reihung weithin entziehen". Wiederum scheint es mir allerdings undenkbar, „die eigentliche Gruppe ‚neuer hoher Minne' (IVa. b. c) ... vor die Liederkette der Gruppe II (zu) rücken". III p. q. r. s. dagegen habe ich auch meinerseits früher angesetzt.

---
[1]) Soeben in unveränderter 2. Auflage erschienen.
[2]) ZfdPh 63 (1938) 221 f. und ZfdPh 65 (1940) 142 ff.

Schließlich teile ich mit Halbach die Billigung der Krausschen Reihung der Lieder IV d ff. Hermann Schneider[1]) hat im ganzen Carl von Kraus zugestimmt, aber doch einige Vorbehalte und Gegenvorschläge gemacht. Schließlich haben die beiden neueren literargeschichtlichen Darstellungen von H. de Boor[2]) und Hugo Kuhn[3]) zwar nicht alle Waltherlieder zu ordnen unternommen, aber doch für eine größere Zahl von ihnen zeitliche Einreihungen vollzogen, dabei z. T. erhebliche Abweichungen von den Krausschen Ansätzen erkennen lassen. Leider ist die umfassendste neuere Stellungnahme, die Stellung Brinkmanns[4]), nur als Faktum hinzunehmen, da sie bisher nicht des Näheren begründet worden ist. Brinkmann hat in seiner Ausgabe der „Liebeslyrik der deutschen Frühe" auch für die Lieder Walthers die chronologische Folge seiner Auffassung gegeben. Die Vergleichung dieser Ordnung mit den Krausschen Vorschlägen weist einige beträchtliche Unterschiede auf.

Ich fasse zunächst die zwischen Kraus und Brinkmann strittigen Lieder am besten in Form einer Tabelle zusammen, wobei ich der Einfachheit halber die Lieder auch bei Kraus durchnumeriere.

Kraus	Brinkmann	Lachmann	
5	31	115,6	Herre got, gesegene mich vor sorgen
10	34	53,25	Si wunderwol gemachet wip
13	41	88,9	Friuntlichen lac
18	7	96,29	Staet ist angest unde not
59	14	97,34	Ez waer uns allen
45	15	42,31	Wil ab iemen wesen fro
35	25	92,9	Ein niuwer sumer, ein niuwe zit
34	27	49,25	Herzeliebez frouwelin
36	28	50,19	Bin ich dir unmaere
47	30	118,24	Ich bin nu so rehte fro
unbest.	28a	47,16	Ich minne, sinne lange zit
37	8	95,17	Waz ich doch gegen der schoenen zit
62	47	73,23	Die mir in dem winter fröide hant benomen
53	48	57,23	Minne diu hat einen site

[1]) AfdA 55, 124 f. und ZfdA 73, (1936) 165 ff.
[2]) 2. Band, München 1953.
[3]) Annalen der deutschen Literatur, hrsg. von H. O. Burger, Stuttgart 1952.
[4]) Düsseldorf (1952).

27	55	44,35	Die herren jehent
28	52	47,36	Zwo fuoge han ich doch
29	53	58,21	Die zwivelaere sprechent
30	54	115,30	Mich nimt iemer wunder waz ein wip

Es ergibt sich also eine große Zahl erheblicher Abweichungen in den zeitlichen Ansätzen. Dabei habe ich alle kleineren Unterschiede nicht beachtet. Wo die Nummern von Brinkmann auch in den angeführten Liedern noch nahe bei denen von Kraus zu liegen scheinen, ist doch die Gruppengrenze bereits überschritten (die z. B. zwischen Nr. 30 und 31 liegt).

Die zeitlichen Ansätze von H. de Boor stimmen zu einem großen Teil mit der Krausschen Chronologie überein. So hat er L. 120, 16 (MF 214, 34); L. 112, 35; 115, 6; 13, 33; 111, 23; 53, 25 mit Kraus (seine Gr. I a. d. e. g. i. k) als früheste Lieder gefaßt; so hat er neun Lieder in die Nähe des Preislieds gesetzt, die auch Kraus dahin stellt; so führt er zehn Lieder als „Reife Dichtung des alternden Walther" auf, die Kraus in seine Gruppen IV bis VI stellt (und dabei nennt naturgemäß de Boor bei weitem nicht alle Lieder Walthers). In verschiedenen Punkten geht er aber gegen Kraus seine eigenen Wege. Ich stimme ihm zu, und auch C. von Kraus würde, wie ich oben gezeigt habe, nicht grundsätzlich widersprechen, wenn er die Lieder der Niedern Minne (die Lieder „vagantisch-volkstümlichen Tons") nicht als zeitliche Einheit darstellt. Ob man dann allerdings das Lied 92, 9 *(Ein niuwer sumer)* hier einreihen soll, scheint mir fraglich.

Einschneidender ist es, wenn de Boor die Zeit zwischen dem ersten Abschied von Wien und der ersten Rückkehr dorthin (also etwa 1197 bis 1203) als eine eigene Periode der Produktion Walthers zu fassen sucht. Zwar ist er selbst „mit der Zuweisung von Liedern zu dieser Periode vorsichtig"; aber er setzt immerhin in diese „Wanderzeit" an: L. 110, 13 *Wol mich der stunde* („Obolus an die rheinische Lyrik"); 40, 19 *Ich han ir so wol gesprochen* (nach Parzival 294, 21, also etwa 1201) und 54, 37 *Ich freudehelfeloser man* („motivlich nahe verwandt"); L. 44, 11 *(Min frouwe ist underwilent hie)*; 93, 19 *(Waz hat diu welt ze gebenne)* und 115, 30 *(Mich nimt iemer wunder waz ein wip)*; dazu „vielleicht auch noch" L. 117, 29 *(Nu sing ich als ich e sanc)* und 42, 15 (31) *(Wil ab iemen wesen fro)*. Auch die Morungen-Nachfolge spielt bei den Zuweisungen de Boors eine gewisse Rolle; so sollen L. 118, 24 *(Ich bin nu so rehte fro)* und 53, 25 *(Si wunderwol gemachet wip)* frühe Lieder sein. Das Problem des Verhältnisses zu Morungen und seine zeitliche Konsequenz muß uns noch des Näheren später beschäftigen.

Zunächst noch die abweichenden Ansätze, die Hugo Kuhn vornimmt; er setzt eine größere Zahl von Liedern „um 1198" an oder bezeichnet sie als „Jugendlieder", die bei Kraus in den Gruppen II bis IV stehen. Wieder gibt eine kleine Tabelle am besten Aufschluß:

	Kuhn	Kraus	Lachmann	
„Jugend-	35 (III e)	92,9		Ein niuwer sumer
lieder":	„unecht"	91,17		Junger man wis hohes muotes
	49 (IVa)	43,9		Ich hoer iu so vil tugende jehen
	14 (II a)	85,34		Frowe enlat iuch niht verdriezen
	61 (IVn)	93,19		Waz hat diu welt zu gebenne
	37 (III g)	95,17		Waz ich doch gegen der schoenen zit
	47 (III r)	118,24		Ich bin nu so rehte fro
„um 1198"	22 (II i)	54,37		Ich freudehelfeloser man
	45 (III p)	42,15 (31)		Wil ab ieman wesen fro
	46 (III q)	117,29		Nu sing ich als ich e sanc
	38 (III h)	110,27		Wer kan nu ze danke singen

„Zwei Lieder könnten dann die Wiener Katastrophe spiegeln" (Annalen S. 142; L. 184, 1 und 61, 32); Kuhn meint damit auch noch offenbar den Abschied von 1197, „die erste Wiener Katastrophe", wie er auf der folgenden Seite sagt. Die Polemik mit Reimar erhält bei Kuhn das folgende Gesicht: „Die polemische Dialektik des ‚Schweigens' (61, 32) weicht neuem Kampf". L. 61, 32 liegt also für Kuhn schon ganz früh; er glaubt in den Reimarfehden „sachlich drei Gruppen Waltherschen Gegensanges" unterscheiden zu können: „die erste ... wirkt fast wie eine Konkurrenz zu Reimars ⟨Roman⟩..." Zu dieser „ersten" stellt Kuhn die Lieder L. 70, 22; 69, 1; 70, 1; 71, 35; 115, 30; 111, 23 (= Kr. II d. g. f; I l; II r; I i) zusammen; hier werden also Lieder der Krausschen 1. Gruppe (und aus Krausens „erster Fehde") und solche aus der Zeit nach der ersten Rückkehr nach Wien und aus der „zweiten Fehde" Carls von Kraus zusammengefügt.

Die zweite Gruppe Kuhns scheinen die Lieder L. 56, 14 (Preislied) und L. 53, 25 *(si wunderwol gemachet wip)* zu bilden (s. Annalen S. 145). „Die dritte Liedergruppe tut, aus stärkster polemischer Beziehung auf Reimar, den endgültigen Schritt"; die Lieder L. 90, 15 *(Ane liep so manic leit)* und 72, 31 *(Sumerlaten-*Lied) nennt Kuhn hier. „Die großartige Liederreihe" L. 44, 35; 47, 36; 58, 21 scheint er anzuschließen. „Ort und Zeit dieses dramatischen Ausbruchs" hält Kuhn allerdings für unbekannt.

Unsere Tabelle würde sich also etwa noch folgendermaßen fortsetzen lassen:

Kuhn	Kraus	Lachmann	
„erste Wiener Katastrophe" von 1198	55 (IVg)	184, 1	Ich wil nu mer uf ir genade wesen fro
	56 (IVh)	61, 33	Mir ist min erre rede
unterwegs (1198–1203)	17 (II d)	70, 22	
	20 (II g)	69, 1	
	19 (II f)	70, 1	
	11 (I l)	71, 35	
	30 (II r)	115, 30	
	9 (I i)	111, 23	
	15 (II b)	56, 14	Preislied
1203 bei der Rückkehr nach Wien	10 (I k)	53, 25	Si wunderwol gemachet wip
1205 oder später (Ort und Zeit unsicher)	25 (II m)	90, 15	Ane liep so manic leit
	26 (II n)	72, 31	Sumerlaten-Lied
	27 (II o)	44, 35	Die herren jehent
	28 (II p)	47, 36	Zwo fuoge han ich doch
	29 (II q)	58, 21	Die zwivelaere sprechent

Andere Reihungen Kuhns kommen nicht in absoluten Widerspruch zu Kraus; so sind seine Versetzungen eines ganzen Teils der Mädchenlieder in die Zeit nach 1210 durchaus diskutierbar, wenn sie sicher auch z. T. bereits nach 1205 möglich sind; C. v. Kraus hat hier ja keine absoluten zeitlichen Festlegungen vollzogen.

Hermann Schneider[1]) bezweifelt, ob L. 43, 9 *(Ich hoere iu so vil tugende jehen* Kr. IVa) noch so spät möglich ist; er will ferner L. 47, 36 *Zwo fuoge han ich doch)* noch in die Reinmarfehde setzen; ebenso bringt er L. 120, 16 (MF. 214, 34) in Beziehung zu Reimar 22, hält das Lied aber zugleich für „allerfrühesten" Walther. L. 114, 23 schließlich *(Der rife tet den kleinen vogelen we)* möchte Schneider nicht wie

---
[1]) AfdA 55, 129 und ZfdA 73, 166 f.

Kraus unmittelbar hinter L. 51, 13 (Mailied) setzen, sondern „erheblich später". Besonders wichtig scheint mir noch der Satz aus H. Schneiders Kritik: „daß Walther zu gleicher Zeit in beiden Umkreisen (scil.: niedere und hohe Minne!) als Dichter weilen kann"; hier trifft er, wie mir scheint, mit H. de Boor höchst Wesentliches.

Stellt man alle diese gröberen Abweichungen zusammen, so bleiben 45 Lieder von 66, d. h. zwei Drittel aller Liebeslieder Walthers, im Ansatz umstritten! Diese Feststellung zeigt die ganze Schwierigkeit und Problematik der Chronologie auf.

Bei näherem Zusehen sind nun allerdings nicht alle diese Ansätze gleich gründlich fundiert. Zwar sind etwa die wenigen Abweichungen H. Schneiders ausführlich und gut begründet. Aber die zahlreichen Ansetzungen von „Jugendliedern" ruhen auf weniger gesichertem Boden. Wir müssen uns nach möglichst beweiskräftigen Kriterien umsehen, wenn wir das Problem der Chronologie seiner Lösung näher bringen wollen - soweit das überhaupt möglich ist.

Wie weit kann es die ästhetische Bewertung erlauben, Schlüsse auf zeitliche Einreihung zu ziehen, den jugendlichen vom reifen Dichter zu scheiden? Gewiß braucht nicht das „schönste" Gedicht das letzte zu sein; auch später wird ein Lied weniger gelingen, „trockener" schließen können; auch der spätere Dichter kann „lehrhaft" sein (oder vielleicht gerade auch er?). Urteile wie das Hugo Kuhns (Annalen 138): „. . . den Ton eines trocken lehrhaften Räsonnements mit übertrieben gebrauchten rhetorischen Mitteln . . . haben alle Jugendlieder. . . . Nur wenig freier sind die Lehrdialoge (120, 16; 43, 9; etwas gelöster 85, 34 . . .) . . . hierher gehören in etwas reicherer Form auch 93, 19 mit dem noch gequälten Fortifikationsvergleich und 95, 17 mit Hartmannschen Klängen" - solche Urteile scheinen mir keine sichere Grundlage für Zuweisungen zur Gruppe der „frühen Lieder". Wenn andere Kriterien nach anderer Richtung deuten, dann wird man den ästhetischen Bewertungen wohl die geringere Kraft für zeitliche Ansetzung zubilligen können.

Als sicherste Hilfe für chronologische Entscheidungen scheint mir aber die Entwicklung von Walthers Minne-Auffassung und die Auseinandersetzung mit Reinmar gelten zu müssen: Diejenigen Lieder, die noch die alten Konventionen festhalten, sind frühe Lieder; diejenigen, die die neuen Gedanken von der Gleichwertigkeit und Gleichrangigkeit der beiden Partner formulieren, gehören in die spätere Zeit. Ähnlich klar sprechen die neuen Gedanken über *wîp* und *frouwe* für die zeitliche Einreihung. Die Idee der *herzeliebe* ist in den frühen Liedern kaum denkbar. Schon deshalb muß das Lied 91, 17 *(Junger man)* unecht sein, ganz abgesehen von der Art, wie hier die *herzeliebe* aufgefaßt ist. Aber auch 70, 1 *(Daz ich dich so selten grüeze)*; 92, 9 *(Ein niuwer sumer)*; 46, 32 *(Aller werdekeit)*, in denen die *herzeliebe* genannt wird, sind spätere Lieder; das *herzeliep* erscheint 95, 17 *(Waz ich doch gegen der schoenen zit)*; 96, 29 *(Staet ist angest unde not)* und 41, 13 *(Ich bin als unschedeliche fro)* genannt. Bei früheren Liedern fehlt Walther das Wort und die Vorstellung. Daß die Mädchenlieder die Auseinandersetzungen mit Reimar zur Voraussetzung haben, wurde schon gesagt.

Was die „Fehden" mit Reimar selber betrifft, so haben sie ihren festen Platz; man kann in diesem Punkt doch soviel sagen: 1. Es gab eine „Fehde" zwischen Reimar und Walther bereits vor Walthers erstem Aufbruch von Wien. Das Todesjahr des Herzogs Friedrich (1198) gibt den terminus ante quem. 2. Es gab eine zweite „Fehde", die mit Walthers erster Rückkehr nach Wien 1203 einsetzt, durch das „Preislied" Walthers gekennzeichnet.

Sieht man die Dinge so, so werden einige Ansätze unmöglich. Man kann dann z. B. nicht Lieder zur sog. „ersten Fehde" stellen, die eindeutig hinter Walthers Preislied gehören. Damit werden Unklarheiten aufgelöst, wie sie auch bei Kraus in den Untersuchungen stehen. L. 52, 23 kann nicht „jedenfalls nach b" (d. h. nach dem Preislied Walthers) entstanden sein und doch „zur ersten Fehde" gehören; oder L. 72, 31 kann nicht zur „ersten Fehde" und zugleich „auf alle Fälle nach Sommer 1195" gestellt werden. Vielmehr wird die These Nordmeyers (s. Kraus, Untersuchungen 290, Anm. 1), daß 52, 23 und 72, 31 noch zur ersten Fehde in Beziehung zu setzen seien, fallen müssen, auch wenn Kraus sie halten möchte. Seine besser fundierte Ansicht, die beiden Lieder seien später als Walthers Preislied, verweisen sie eindeutig in die Zeit nach 1203.

Auch Hugo Kuhns weitgehende Zuweisungen zur „ersten Reinmarfehde" sind nicht haltbar: L. 61, 32; 70, 22; 69, 1; 70, 1 können unmöglich in die Zeit vor 1198 gesetzt werden. Die zweite Fehde mag mit dem *sumerlaten*-Lied geendet haben, das den zweiten Abschied von Wien erzwang oder besiegelte; ob dann eine „dritte Fehde" (aus der Ferne?) noch folgte, in der z. B. Walthers L. 58, 21 auf Reinmars Lieder 34 und 35, die Zurückweisungen des *sumerlaten*-Lieds, antwortete, muß offen bleiben. Mit Liedern wie L. 44, 35; 47, 36, auch 95, 17 ist jedenfalls die Abkehr von der alten „Hohen Minne" vollzogen.

Weiter kommen nun in diesem Zusammenhang der Chronologie alle die Beziehungen zu Hilfe, die Kraus zu Walthers Preislied hergestellt hat. Nimmt man die Datierung des Preislieds auf 1203 und die erste Rückkehr nach Wien an, dann ist eine klare Folge von Liedern für die Jahre 1203–1205 gewonnen. Wie steht es aber mit jener Zwischenzeit, der sog. „ersten Wanderzeit" zwischen 1198 und 1203 ? Auch die „vorsichtigen" Zuteilungen H. de Boors scheinen mir wenigstens z. T. noch recht problematisch; so gleich die Einreihung der Lieder L. 40, 19; 54, 37; 115, 30 oder gar die von L. 44, 11; 93, 19; 53, 25 vor 1203. Am ehesten wäre sie für L. 117, 29; 118, 24; 42, 31 und 112, 3 denkbar; vielleicht auch für 110, 13. Daß aber L. 118, 24 schon vor 1198 entstanden sein soll, halte ich für ausgeschlossen.

Eine besondere Rolle spielt in diesem Zusammenhang das Verhältnis zu Heinrich von Morungen. Es verdient eine eigene Betrachtung. Für eine ganze Reihe von Walther-Liedern ist die Bekanntschaft mit Morungen offenbare Voraussetzung, und es ist nicht zu bestreiten, daß mehrfach Motive, die Morungen verwendet, bei Walther wiederkehren. Aber diese Motive standen vor Walther nicht nur bei Morungen; es sind vielfach „Topoi". Diese „Bausteine" waren einem jeden zugänglicher Rohstoff. Trotzdem mag Morungen in der Regel der Vermittler gewesen sein. Aber nicht der junge Walther muß hier übernommen haben: Wesentlich ist, was Walther aus diesen Topoi macht; wie er diese schon gelieferten Bausteine neu einbaut und verwendet. Sie bekommen bei ihm ganz neuen Sinn. So wird z. B. der Gedanke Morungens 136, 15 und 141, 15 bei Walther 115, 6 völlig neu (ähnlich Morungen 132, 19 bei Walther 69, 1 ff.), so daß also keineswegs etwa nur ein „Anfänger" vom „Meister" lernt – so daß z. B. Frühdatierungen solcher Waltherlieder nur auf Grund von „Morungen-Einfluß" sehr problematisch erscheinen.

Was bedeuten aber dann die Morungen-Bezüge für die Chronologie der Lieder Walthers ? Sind sie dafür überhaupt auswertbar ? Man hat sie vielfach bereits ausgewertet, allerdings in sehr verschiedener Weise. So werden z. B. die Lieder Walthers, die „Einfluß" Morungens zeigen, nicht nur als „Jugendlieder" deklariert; sondern man hat sie auch in die „Wanderzeit" gelegt: als er nach Thüringen kam, lernte er Morungen und seine Kunst kennen und geriet unter ihre Einwirkung. Schließlich spricht man von der „Meißner Zeit" Walthers als der, in der Morungen für ihn wirksam wird. C. von Kraus selber widerspricht sich dabei offenkundig: das eine Mal sagt er S. 415 f. (zu 115, 6): „Walthers Vorbild ... Morungen. Ich halte also auch unser Lied für eines der ‚Jugendgedichte'": dann S. 433f. (zu 118, 24): „Auch Anregungen durch Morungen ... unverkennbar. ... Demgegenüber Anklänge von Reinmars Art von minderem Gewicht. ... Ich halte das Lied also ... für ein späteres"; schließlich S. 311: „... Morungen verpflichtet. Schon dadurch wird man mit Wahrscheinlichkeit nach Meißen geführt."

Stellt man die Lieder Walthers zusammen, die Morungen besonders offensichtlich verpflichtet sind, so ergibt sich, daß es fast ausschließlich Lieder sind, die bei Kraus (großenteils aus anderen Gründen) in den Gruppen II oder III stehen. Nun ist „Gruppe II" allerdings keine absolute zeitliche Aussage. Eines aber steht zeitlich für sie fest: sie sind nicht vor der Auseinandersetzung mit Reinmar und vor der beginnenden Lösung von der alten Konvention denkbar. Mit andern Worten: Morungen wird für Walther tatsächlich frühestens fruchtbar, als er sich zum erstenmal von Wien gelöst hat, also in der „Wanderzeit" (1198-1203) und danach. Das hindert natürlich nicht, daß auch bereits ein frühes Lied wie 115, 6 (Kr. I e) oder 13, 33 (Kr. I g) sich einmal mit einem Morungenlied berührt. L. 118, 24; 117, 29; 112, 3; 42, 31 (15) (s. Kr. III p–s) könnte man dann in die Gruppe der Wanderzeit setzen, wobei aber noch offenbliebe, ob sie nicht doch z. T. in eine spätere Wanderzeit (nach 1205!) statt in die erste gehören. In diese erste „Wanderzeit" gehörte vielleicht am ehesten MF 214, 34, während man schon 40, 19 (Bez. zu Wolfram!) später und 97, 34 (Kraus IV l) mit K. noch später setzen möchte. 52, 23 und vor allem 72, 31 sollte man bei der zweiten Reimarfehde lassen und mit dem zweiten Abschied von Wien verbinden; 53, 25 schließlich sollte man vielleicht am ehesten bei den Mädchenliedern unterbringen: es hat ja die „starken Beziehungen zur mittellateinischen Liebesdichtung" (vgl. Kraus, Untersuchungen 196 und Anm. 1), wobei es zeitlich wohl in die Nähe der ersten Lieder der „Neuen hohen Minne" rückt (also in die Nähe von 44, 35; 47, 36; 58, 21).

Ein weiteres Kriterium für zeitliche Festlegung könnte man in der Entwicklung der Strophenformen suchen; man hat sie bisher wenig in dieser Weise in Anspruch genommen. Zwar hat Plenio[1]) die „Strophensippen" Walthers erörtert und auch danach die Lieder in Zusammenhänge zu bringen versucht, aber C. von Kraus hat sich ausdrücklich gerade gegen diese Methode und ihre Ziele gewandt, wie

---

[1]) Archiv für das Studium der neueren Sprachen 136 (1917), 21. Anm.

ja bei ihm das Metrisch-rhythmische immer etwas Stiefkind geblieben ist. Nach dem, was mich die Untersuchung der Formen bei den politischen Lieder gelehrt hat[1]), glaube ich doch, daß man dieser Seite auch für die Datierung und Chronologie mehr Gewicht geben darf, ja muß. Zweierlei scheint mir sicher: einmal daß bestimmte Formen und Möglichkeiten erst von einer bestimmten Zeit an auftreten; ferner daß bestimmte Bausteine in zeitlich und sachlich benachbarten Liedern mit besonderer Vorliebe verwandt werden. Um für beides Beispiele zu nennen: der Achter als Abschluß des Abgesangs und also des Liedes erscheint in den politischen Liedern erst seit dem Leopoldston, dann aber öfter, so in den drei großen Liedern in Friedrichs II. Dienst (Kaiser- und König-Friedrichs- und Unmutston). Ebenso erscheint eine Verbindung von Sechser und Achter seit dem Leopoldston und dann öfter bis in die zwanziger Jahre. Oder ein schönes Beispiel zu dem zweiten Fall: die eben genannten drei großen politischen Lieder aus der Zeit Friedrichs II. verwenden die gleichen Bausteine; ihre Strophen sind zwar verschieden, aber doch nahe verwandt, besonders nahe König- und Kaiser-Friedrich-(Engelbrechts-)ton; aber auch der Unmutston baut sich z. T. wenigstens aus den gleichen Elementen auf. Dazu vgl. „Die politischen Lieder Walthers von der Vogelweide" S. 132 f.! Man muß auch daran denken, daß diese Formen ja musikalische Formen sind; also daß z. B. ein relativ einfach gebautes, wenige Zeilen umfassendes Lied natürlich ganz andere Anforderungen stellt als eins, das einen vielzeiligen, komplizierten Abgesang bietet.

Sieht man sich danach die Lieder bestimmter Gruppen an, und zwar zunächst in der Weise, daß man die unbestritten frühen oder unbestritten späten oder auch die ohne Diskussion in die Nähe des Preislieds oder in die zweite Reimarfehde gerückten betrachtet, dann ergeben sich doch einige wertvolle Beobachtungen. So fällt es z. B. auf, daß in den sicheren frühen Liedern L. 99, 6; 112, 35; 13, 33 und 109, 1 engst verwandte Bauart vorliegt: überall die zweigliedrigen Stollen; überall der für sich stehende Vierer als erstes Glied des Abgesangs; überall die drei Zeilen Abgesangsschluß (außer in 99, 6). Und zwar haben 112, 35 und 109, 1 auch noch den ganz nahe verwandten Typ der gefugten Dreierkette 4 w v d + 2 w v d + 4 v (4 s) c. Diese gefugte Dreierkette wie auch das für sich stehende erste Glied des Abgesangs erscheint nun aber auch noch in andern Liedern der Krausschen Früh-

---

[1]) Die politischen Lieder Walthers von der Vogelweide, 1954, 133 ff.

gruppe, die ohne triftigen Grund von Brinkmann oder de Boor oder Kuhn später gesetzt werden; so in 115, 6, das vollständig aus den drei normalen Bausteinen der frühen Lieder aufgebaut ist und in 119, 17, wo die abschließende Kette allerdings fehlt. Das Lied 71, 35, das in die erste Reimarfehde gehört, also auch in die frühe Zeit, verwendet die Dreierkette in den Stollen und als ersten Teil des Abgesangs und stellt zweimal den Vierer für sich ans Ende.

Von umstrittenen Liedern besteht aber z. B. auch das Lied 85, 34 (s. Kr. II a) genau aus den drei Bausteinen der Frühgruppe; man wird also geneigt sein, es zu den frühen Liedern zu stellen, zumal sachlich Entscheidendes nicht dagegen spricht. Anderseits sind die umstrittenen Lieder L. 120, 16 (+ MF. 214, 34) und L. 112, 17, die Kraus als Nr. 1 und 2 einsetzt, wesentlich anders gebaut als alle andern frühen Lieder. Man wird um so lieber sie aus der Frühgruppe lösen, wenn weitere Gründe für die Einreihung an späterer Stelle sprechen. Wenn schließlich ein Lied der Krausschen Gruppe III (51, 13) wiederum aus allen drei Bausteinen der frühen Lieder besteht, so wird man die Meinung bestätigt finden, daß es sich hier um ein frühestes Lied „vagantisch-volkstümlichen Tons" handelt. Es braucht nicht betont zu werden, daß gewiß stets die Möglichkeit besteht, daß auch der spätere und der reife Dichter auf frühere Formen und Bausteine zurückkommt; deshalb wird man in erster Linie sachlich-inhaltliche Kriterien zu gewinnen suchen; aber die Formteile bleiben doch auch von Bedeutung.

Sieht man die Strophenformen der zweiten Reimarfehde (Gruppe um das Preislied) vergleichend an, so fällt das folgende auf:
1. beliebt sind Fünfer im Stollen gefugt (zweimal) und ungefugt (einmal); viermal kommt aber auch noch 4 + 6 vor;
2. die Dreierkette des Abgesangs gibt es nicht mehr; dafür lange Schlußzeilen (Zehner und Zwölfer); oder 4 + 8 als Abschluß;
3. beliebt sind jetzt auch längere ungefugte Abgesänge aus Vierern, Sechsern und Achtern gemischt (auch ein Abschluß-Zehner);
4. auch fugungsfreie Stollen, einmal dreizeilig (4 . 4 . 4), zweimal zweizeilig (8 . 4; 5 . 5) sind vorhanden.

Die Gruppe der „Neuen hohen Minne" fällt durch andere Kriterien auf. Hier stehen häufig schwere Formen. Dreizeilige Stollen und vielzeilige komplizierte Abgesänge sind jetzt beliebt; ebenso erscheinen fast in jedem Lied die Sechsheber; der Achtheber als Abschluß steht sehr oft, so wie in der politischen Dichtung erst spät. In der ersten Reimarfehde steht nur einmal ein schließender Achter (113, 31); in der zweiten Gruppe zweimal (100, 3 und 72, 31); in den Mädchenliedern selten (nur 49, 25 und 118, 24, dies Lied zeitlich wohl erst nach 1208); dagegen in den Liedern der „Neuen hohen Minne" 43, 9; 46, 32; 45, 37; 184, 1; 61, 33; 44, 11; 63, 32; 73, 23. Auffallend ist es auch, daß jene Eigenheiten der frühen Gruppe wie die abschließende Dreierkette oder die für sich stehende erste Zeile des Abgesangs in den Liedern der Gruppe II ganz fehlen; daß sie anderseits beide relativ häufig in den (ja einfach gebauten!) Liedern der Gruppe III; nur selten auch einmal in einem Lied der Gruppe IV stehen.

Berücksichtigt man die angeführten Gesichtspunkte, so lassen sich folgende Konsequenzen und Entscheidungen gewinnen:

Der späten Ansetzung des Liedes L. 115, 6 durch Brinkmann widerspricht die Form und der Inhalt; es ist sicher früh. Dagegen sind seine Spätdatierungen von L. 53, 25; 88, 9 (aus Kr. I) und von L. 44, 35; 47, 36; 58, 21 (aus Kr. Gr. II) einleuchtend insofern, als 53, 25 mit seinem komplizierten Bau (repetierte „Stollen") eher spät zu setzen ist. Es würde der Form nach in die Nähe von 47, 36 und 58, 21 passen, ohne daß das verbindlich wäre. Ich setze das Lied in die Gruppe der Mädchenlieder. Was L. 88, 9 betrifft, so scheint mir dieses komplizierte und reizvolle Gebilde eher in die späteste Zeit zu passen, in der Walther Langzeilen liebt. Schließlich passen L. 44, 35; 47, 36; 58, 21 nach dem Inhalt und nach ihrer komplizierten Form in die Gruppe IV. Dagegen bleibt L. 115, 30, das Brinkmann bei den drei eben genannten einfügt, besser bei der Gruppe II; jedenfalls kann es aber nicht vor 1203 (wie de Boor will) angesetzt werden. Was schließlich das erste Lied in Krausens Folge (L. 120, 16 [+ MF. 214, 34]) betrifft, so wird man es ans Ende der Frühgruppe setzen: daß es früher Walther ist, scheint sicher. Wenn es nach Reinmar „22" entstanden ist, kann es aber wohl nicht ganz früh sein, auch wenn man Reinmar „22" etwas vorverlegt (mindestens vor das Preislied Reinmars, d. h. seine Nr. 16). Das Lied L. 112, 17 (s. Kr. I b) rücke ich in die Nähe des im gleichen Ton gesungenen L. 63, 8. Weder Inhalt noch Form passen in die frühe Zeit. Ein noch einschneidenderes Problem berühren die zahlreichen Frühdatierungen. Die meisten der Lieder, die als „Jugendlieder" bezeichnet oder „um 1198" angesetzt werden, sind kaum so früh denkbar; ein Gleiches gilt von einer Reihe der Zuteilungen zur „ersten Wanderzeit" 1198–1203. Es ist kein wirklicher Grund beigebracht worden, der die begründeten Zuweisungen Carls von Kraus der Lieder L. 70, 22; 96, 29; 70, 1; 69, 1; 54, 37; 40, 19; 90, 15; 72, 31 und 115, 30 zu der Gruppe des Preislieds erschüttert. Besonders ist auch Brinkmanns Frühdatierung von L. 96, 29 (= Br. 7!) nicht haltbar. Gerade für dieses Lied hat Kraus besonders gut die Stellung in der zweiten Auseinandersetzung mit Reinmar begründet. Dagegen müssen L. 44, 35; 47, 36; 58, 21 mit Brinkmann und Kuhn spät gesetzt werden, wie bereits erwähnt wurde. Brinkmanns und Kuhns ganz frühe Ansetzung von L. 95, 17 scheint mir anderseits wieder unmöglich. Es ist meines Erachtens sogar, zusammen mit L. 92, 9, aus der Gruppe III bei Kraus zu lösen und in die Gruppe der „Neuen Hohen Minne" zu setzen. Hier bleiben auch die Lieder L. 43, 9 und 93, 19, sowie die von Kuhn der „ersten Wiener Katastrophe" zugewiesenen L. 184, 1 und 61, 33; endlich auch die von ihm „nach 1201" datierten L. 62, 6; 63, 8; 97, 34; 44, 11 und 73, 23 (einige von ihnen hatte de Boor in die „Wanderzeit" gesetzt). Die Gruppe der „Morungen-Nachfolge" L. 42, 31; 117, 29; 118, 24 (für Kuhn „Jugendlieder" oder „um 1198", für de Boor „vielleicht Wanderzeit" oder „früh") stelle ich versuchsweise als Gruppe II zwischen die frühen Lieder und die Lieder aus der Umgebung des Preislieds, die infolgedessen nun „Gruppe III" werden. Zu dieser Entscheidung bewegt mich vor allem die Erwägung, daß in der Zeit zwischen dem ersten Abschied von Wien und der Rückkehr von 1203 ohne Zweifel auch Liebeslieder Walthers entstanden sind; das sind am ehesten wenigstens einige dieser Lieder aus der Morungen-Nachfolge. Ich stelle ferner die drei Naturlieder (L. 51, 13; 114, 23; 39, 1) zu den Liedern der „Wanderzeit"; auch sie stehen zum Teil in der Morungen-Anregung; zum Teil sprechen ihre einfachen Formen für frühe Entstehung. 114, 23 tritt dabei an den Schluß. Es mag, wie Schneider will, sehr wohl „erheblich später" sein als 51, 13, wie überhaupt für manche dieser Lieder der „Wanderzeit" die Möglichkeit offen bleibt, daß sie erst in die Zeit nach dem zweiten Abschied von Wien oder in die „Meissner Zeit" fallen, wie das für das „Vokalspiel" (L. 75, 25) schon gesagt worden ist. Dieses lasse ich denn auch am Schluß der Mädchenlieder stehen, zusammen mit L. 110, 27. Die Ansetzung „um 1198" scheint mir unmöglich; es gehört eher an das Ende als an den Anfang der Mädchenlieder.

Es sei noch einmal herausgehoben, daß die Gruppen III und IV, beide in der Haltung ihrer Lieder das Ergebnis der Auseinandersetzung mit Reinmar, zeitlich z. T. nebeneinander stehen; daß ferner das eine oder andere Lied der Gruppe III zeitlich auch schon vor 1205 denkbar ist. Fügt man all dem noch hinzu, daß eine absolute Chronologie nicht möglich ist und daß auch dieser Versuch eben nur ein Versuch sein kann und will, wenn auch ein unter Ausnutzung der Erkenntnisse der Vorgänger möglichst gut fundierter und kritisch erarbeiteter, so hat man die nötigen Reserven eingebaut.

Nach all dem sind die folgenden strittigen Ansätze geprüft und in der beigefügten Tabelle (letzte Spalte) entschieden worden (s. S. 28/9!).

Zusammenfassend würde ich danach vorschlagen, in eine frühe Gruppe die Lieder der alten Minne-Idee zu setzen, die noch frei sind von Polemik gegen Reinmar. Ich würde hier den Ablauf der ersten Reinmarfehde anschließen. Es folgen als Gruppe II Lieder der „Wanderzeit" zwischen erstem Abschied von Wien und erster Rückkehr. Die Lieder um das Preislied und die zweite Auseinandersetzung mit Reinmar (= Kraus Gruppe II) würden hier als Gruppe III folgen. Sie bringen die endgültige Lösung von der alten Minne-Idee und bilden die Grundlage der folgenden beiden Gruppen IV und V, Mädchenlieder (Kraus III) und Lieder der Neuen Hohen Minne (Kraus IV); die späten Lieder stehen als Gruppe VI. Hier sind auch die unsicheren angefügt[1]. So wird man also im großen und abgesehen von den Liedern der Wanderzeit bei der Krausschen Gruppierung bleiben können, wenn auch die Grenzen an einigen Stellen verschoben werden.

Es bleibt die Frage, ob man doch auch die Kraussche Gruppe III, statt sie sachlich beisammen zu lassen, zeitlich aufgliedern sollte? Brinkmann hat das getan; und doch stehen auch bei ihm eigentlich alle Lieder der Krausschen Gruppe III beisammen, außer denen, die auch bei uns hier ausscheiden, nämlich L. 95, 17; 42, 15 und 92, 9. Sie stehen allerdings bei Brinkmann an anderer Stelle als bei uns; außerdem sind einige Lieder, die Kraus in Gruppe I oder II setzt, unter die Gruppe III geraten (L. 85, 34; 69, 1; 115, 6; 53, 25) manche davon sicher zu unrecht.

Die Stellung der einzelnen Lieder innerhalb der Gruppen zu diskutieren, darauf verzichte ich hier; eine besondere Erörterung muß an anderer Stelle verschiedenen Fragen gelten, die bei den einzelnen Liedern auftreten; dort wird dann auch Gelegenheit sein, das eine oder andere zu der Einzelfolge bei Kraus zu sagen. Ebenso wird dort die Strophenfolge mancher Lieder zu besprechen sein, die ich hier nicht im einzelnen begründen kann, weil der Umfang dieser einleitenden Bemerkungen beschränkt ist.

---

[1] Wenn Huisman mit Recht das „Kunststück" (unsere Nr. 95) als Kontrafaktur zu Reimar Nr. 23 (M F. 160, 6) auffaßt, so wäre es früh zu setzen.

Gr. u. Kre.	Nr.	L.	Brinkm.	Halb.	De Boor	Schn.	Kuhn	Ent-scheidung
I	1	120, 16 + MF. 214, 34	(2 u. 5 (u. Hartmann)			„nach Reinmar 22"		vor dem 1. Abschied v. Wien
	2	112, 17	1					in die Nähe von 63, 8
	5	115, 6	31		Ausgangspunkt der 1. Fehde			bleibt i. der Frühgruppe
	6	119, 17	13				um 1198	bleibt früh
	9	111, 23	10				1198–1203	bleibt i. der 1. Fehde
	10	53, 25	34		„früh" (Morungen)		1203	eher später zu d. Mädchenliedern
	11	71, 35	11				1198–1203	bleibt i. der 1. Fehde
	13	88, 9	41					spät
II	14	85, 34	26				Jugendlied	zu den frühen Liedern
	17	70, 22	20	(„älteste")			1198–1203	
	18	96, 29	7					bleiben beim Preislied
	19	70, 1	fehlt				1198–1203	
	20	69, 1	29				1198–1203	
	22	54, 37	16 u. 17		Wanderzeit		um 1198	
	23	40, 19	22		Wanderzeit			
	25	90, 15	23				1205 u. später	bleiben b. Preislied
	26	72, 31	24				1205 u. später	
	27	44, 35	55				1205 u. später	mit Kuhn u. Brinkmann später als Kraus
	28	47, 36	52			vor 1205	1205 u. später	
	29	58, 21	53				1205 u. später	
	30	115, 30	54		Wanderzeit		1198–1203	bleibt beim Preislied

Gr. u. Nr. Krs.		L.	Brinkm.	Halb.	De Boor	Schn.	Kuhn	Entscheidung
III	31	110, 13	32		Wanderzeit			bleibt (als wohl frühes Lied) bei d. Mädch.-Ld.
	32	51, 13	33					Wanderzeit
	33	114, 23	38			„erheblich später als 51, 13"		Wanderzeit
	34	49, 25	27					bleibt bei d. Mädch.-Ld.
	35	92, 9	25	(„älteste")			Jugendlied	Neue Hohe Minne
	36	50, 19	28					bleibt bei d. Mädch.-Ld.
	37	95, 17	8	(„älteste")			Jugendlied	Neue Hohe Minne
	38	110, 27	44				um 1198	Mädchenlieder (spät)
	43	39, 1	37					Wanderzeit
	45	42, 31	15	} in die Nähe von Gruppe I	Vielleicht Wanderzeit		um 1198	}
	46	117, 29	45		vielleicht Wanderzeit		um 1198	„Wanderzeit"
	47	118, 24	30		„früh" (Morungen)		Jugendlied	
	48	112, 3	39					
IV.	49	43, 9	63	früh		„früher"	Jugendld.	
	50	46, 32	58	früh				bleiben in der Gruppe „Neue Hohe Minne"
	51	45, 37	64	früh				
	55	184, 1	fehlt	}			Wiener Katastrophe	
	56	61, 33	fehlt					
	57	62, 6	62				„nach 1201"	bleibt spät
	58	63, 8	61				„nach 1201"	bleiben in der Gruppe „Neue Hohe Minne"
	59	97, 34	14	(„älteste")				
	60	44, 11	56		„Wanderzeit"			
	61	93, 19	59	(„älteste")	„Wanderzeit"		Jugendld.	
	62	73, 23	47					

Die **Strophenfolge** innerhalb der Lieder hängt aber vielfach mit der anderen wichtigen Frage zusammen: bilden alle Strophen des gleichen Tons jeweils ein Lied? Oder können sie auch auf mehrere, zwei oder drei Lieder verteilt werden? Diese Frage, die bei den politischen Liedern zentrale Bedeutung hat, die sich ja auch nicht nur bei Walther stellt[1]), muß wenigstens im Grundsätzlichen hier behandelt werden. Denn auch bei den Liebesliedern Walthers gibt es eine Anzahl von Tönen, deren Strophen man nicht zu einer liedhaften Einheit zusammenfügen zu können glaubte. So macht z. B. noch Brinkmann mehrfach von der Möglichkeit Gebrauch, Strophen des gleichen Tons auf mehrere Lieder zu verteilen, so Lied 120, 16 (+ MF. 214, 34 + L. 217, 1 d. i. unsere Nr. 41) auf zwei Lieder Walthers und eines Hartmanns von Aue; so L. 54, 37 und 55, 35 auf zwei Lieder; so wird eine Strophe aus dem Preislied als eigenes Lied mit eigener Überschrift ausgeklammert. Die Zahl der Fälle dieser Art war früher noch größer: auch die Einheit von L. 119, 17, sowie von L. 44, 11 und 171, 1, die jetzt auch Brinkmann annimmt, waren stets umstritten.

Auch in dieser Hinsicht haben die Bemühungen Carls von Kraus einen großen Fortschritt gebracht; durch seine Interpretationskunst ist, wie beim sogenannten „Alterston" innerhalb der „Sprüche", auch für die meisten Liebeslieder die liedhafte Einheit der Strophen gleicher Form, gleichen Tons nachgewiesen. Mindestens ist von Carl von Kraus die **Möglichkeit** liedhafter Interpretation aufgezeigt. Da sich aber noch nirgends mit Sicherheit hat aufweisen lassen, daß im Minnesang dieselbe Melodie zweimal ohne besondere Gründe verwandt wird, müssen wir, so meine ich, von dieser Möglichkeit Gebrauch machen, so wie ich das auch für Hausen gezeigt habe[2]). Daß man dabei die Folge der Strophen genau überdenken, u. U. auch gegen Kraus noch eine einleuchtendere Folge herstellen muß, ist deutlich. Die nähere Begründung für mögliche Strophenfolgen im Preislied; bei L. 54, 37–56, 13; bei L. 119, 17–120, 15 (wie auch bei anderen Liedern) muß jene besondere Erörterung an anderer Stelle bringen.

Zweimal aber bleibt der gleiche Ton für zwei verschiedene Lieder bestehen; in dem einen Fall (L. 184, 1 und 61, 33) ist der Grund völlig deutlich: das zweite Lied nimmt bewußt durch die Wiederaufnahme der Melodie Bezug auf das erste. In dem anderen Fall jedoch (L. 112, 17 und 63, 8) ist der Grund nicht erkennbar. Sollte dies der einzige Beleg

---

[1]) Vgl. Neuphilol. Mitteilungen 53 (1952) 158 ff.
[2]) Neuphilol. Mitteilungen a. a. O.

sein, in dem die gleiche Melodie ohne ersichtlichen Grund wiederholt wird? Auch diese Frage, die viel Einzelerwägungen fordert, kann ich nur in dem angekündigten Aufsatz auseinanderlegen. Hier bleibe ich bei zwei Liedern, die ich allerdings nicht wie Kraus auf Gruppe I und IV verteilen kann, die ich vielmehr nahe zusammenstelle (als Nr. 76 und Nr. 77), ohne ihre direkte Beziehung, d. h. den Grund der Melodiewiederholung zu erfassen. Wir müssen ja wohl damit rechnen, daß uns gewisse feinere und intimere Bezüge heute dunkel bleiben, die dem Publikum Walthers verständlich waren.

Es bleibt ein Wort zu sagen über die „zweifelhaften" und „unechten" Lieder. Ich nehme unter dieser Rubrik alle Strophen auf, die unter Walthers Namen oder im Zusammenhang mit seinen Liedern überliefert sind, soweit sie noch irgend für Walther in Anspruch genommen werden können. Nur bei zweien konnte man schwanken, ob sie unter die echten Lieder einzureihen sind: bei L. 60, 34 f. *(Ich wil nu teilen, e ich var)* und bei L. 91, 17 f. *(Junger man wis hohes muotes)*. L. 91, 17 wird auch heute noch vielfach als Walthers Eigentum betrachtet. Wie ich schon oben angedeutet habe, scheint es mir allein wegen des Gebrauchs und der Be-Inhaltung des Wortes *herzeliebe* ausgeschlossen, daß Walther dieses Lied geschaffen hat; die von Kraus u. a. angeführten Gründe (Unters. 348 f.) kommen hinzu. Was L. 60, 34 betrifft, so halte ich es für möglich, daß Strophe 1 und 3 dieses Tons *(Ich wil nu teilen, e ich var* und *Nu bitent, lat mich wider komen)* Walther gehören. Da auch diese Strophen zweifelhaft bleiben, alle andern des Tons aber Walther nicht zuzutrauen sind, bleibt das Lied bei den „Zweifelhaften und Unechten". Brinkmanns Verfahren, nur die 1. Strophe aufzunehmen, scheint mir nicht richtig. Anderseits ist mir unverständlich, warum Brinkmann die Lieder L. 70, 1 *(Daz ich dich so selten grüeze)*: 184, 1 *(Ich wil nu mer uf ir genade wesen fro)* und 61, 33 *(Mir ist min erre rede enmitten zwei geslagen)* ausgeschieden hat. Daß L. 120, 16 *(Sit deich ir eigenlichen sol)* mit allen Strophen, auch den in Minnesangs Frühling unter Hartmanns Namen stehenden, Walther gehört, hat C. von Kraus, meine ich, überzeugend gezeigt.

Als unter keinen Umständen Walther gehörig sind von den bei Lachmann-Kraus abgedruckten „Unechten Liedern" hier nicht aufgenommen; L. XVI, 1–42 *(Ich han die zit wol gesehen an der linden)*; XVII, 1–30 *(Jarlanc sint die tage trüebe)*; von den „Neuen Liedern" XXVIII, 1–XXIX, 18 *(Schadetz im an der triuwen iht)*. L. XXVI, 1 f. *(Ez sprach ein wip bi Rine)* habe ich doch noch aufgenommen; ebenso die Zusatzstrophe L. 174 zum „Kunststück" *(Got herre, verre man ich dich)*. Schließlich habe ich auch hier noch die Zusatzstrophe in dem Ton des Palästinalieds L. 139 *(Vrowe mein durch ewer güte)* nachgetragen. Damit sind nun sämtliche Zusatzstrophen zu echten Walthertönen aufgenommen. L. 71, 19 bleibt als zweifellos Reinmar gehörend (vgl. Kraus, Unters. zu Reinmar I, 19 ff. und Unters. zu Walther 283!) hier weg.

Zur Einrichtung der Ausgabe ist das folgende zu sagen: Die Lesarten berücksichtigen die sämtlichen Abweichungen der Handschriften, doch nicht alle orthographischen Varianten. Stets habe ich auch wieder die Auffassungen der großen kritischen Ausgabe von Lachmann-Kraus berücksichtigt; ebenso meist diejenigen Wackernagels, deren hoher Wert nicht zu verkennen ist; dagegen wurden nicht alle Vorschläge anderer Herausgeber aufgenommen. Die kritische Beurteilung der Entscheidungen Carls von Kraus durch H. Schneider[1], H. Brinkmann[2] und K. H. Halbach[3] habe ich verarbeitet; besonders auch Brinkmanns Ausgabe in ihren Abweichungen von Kraus berücksichtigt[4]. Wo diese Ausgabe anders entscheidet, als es Brinkmann in seinen „Studien" von 1939 getan hatte, sehe ich das als stillschweigende Korrekturen der früheren Stellungnahme an.

Wieder habe ich mich bemüht, in der Form der Lieder die große Kunst des Ineinanders von Gedanke, Satzführung und rhythmisch-melodischer Gestalt sichtbar zu machen; in der Abteilung der Zeilen, in der rhythmischen Glättung und besonders auch in der Zeichengebung waren da noch manche Möglichkeiten offen.

Daß ich auch hier einigen Texten die Melodien beifügen konnte, dafür habe ich wieder der freundlichen Mitwirkung des Herrn Dr. G. Birkner zu danken. Die Zahl der von uns wiedergegebenen Melodien ist klein, kleiner als im ersten Bändchen. Das liegt an der Überlieferung. Von drei möglichen Sicherheitsgraden, mit denen Melodien den Texten Waltherscher Lieder zugeordnet werden können, ist der erste, nämlich Erhaltung von Melodie zusammen mit Walthers Text nur für den Stollen des Lieds Nr. 66 „Frauenschönheit" (L. 53, 25 *Si wunderwol gemachet wip*) gegeben. In der Hs. N stehen über der ersten Zeile, die bis *habe (danc)* reicht, Neumen. Ich verdanke Herrn Dr.

---

[1] AfdA 53 (1936), 165 ff.
[2] Beiträge 63 (1939).
[3] ZfdPh 63 (1938), 210 ff.
[4] Liebeslyrik der deutschen Frühe (1952), S. 279–354.

Birkner den Versuch einer Umsetzung, den wir beifügen; der Stiftsbibliothek von Kremsmünster und dem Herrn Subprior Dr. Altman Kellner, Kremsmünster, bin ich zu großem Dank verpflichtet; nur durch sein Entgegenkommen ist die Veröffentlichung hier möglich[1]). Den zweiten Sicherheitsgrad, der in der Überlieferung von Walther-Melodien zu erreichen ist, vertritt die Melodie zum Tagelied. Sie steht wenigstens als „Her Walthers guldin wyse" in der Kolmarer Liederhandschrift, und F. Gennrich[2]) hat sie einleuchtend dem Tagelied zugeordnet. Einen dritten, schwächeren Sicherheitsgrad erreichen naturgemäß diejenigen Zuordnungen von Melodien, die ohne Walthers Namen etwa in dem reichen Melodienschatz der romanischen Überlieferung erscheinen und von F. Gennrich zu passenden Waltherliedern gestellt worden sind. Zwei von diesen sind hier versuchsweise aufgenommen, die Melodie zu Lied 61 „Erste Begegnung" (L. 110, 13 *Wol mich der stunde*) und zu Lied 42 „Mailied" (L. 51, 13 *Muget ir schouwen*). In allen drei Formen hat sich Herr Dr. Birkner an Gennrichs Vorschläge angeschlossen[3]).

Daß einige Lieder Reinmars beigefügt sind, die in der Auseinandersetzung mit Walther ihre Bedeutung haben, wird man nicht unbequem finden; sie sind im ganzen nach der Ausgabe von Minnesangs Frühling und ohne Apparat gegeben.

Um nun wirklich ein bequemes Zitieren zu ermöglichen, numeriere ich sämtliche Lieder durch, und zwar beginne ich in diesem Bändchen mit Nr. 31, weil die 6 religiösen und die 20 politischen Lieder mit den vier zweifelhaften des ersten Bändchens gerade 30 ergeben. Ich habe dort allerdings noch die politischen als Nr. 1–20 gezählt, und ich schlage vor, bis zur Berichtigung beim nächsten Abdruck (statt 1–20 werden sie dann die Nummern 7–26 erhalten) die politischen Lieder nach dem Namen der Töne nebst Strophen- und Zeilenzahl zu zitieren. Gewiß kann man auch die übrigen Lieder statt mit ihrer Nummer mit der Überschrift (nebst Strophen- und Zeilenzahl) zitieren; nur sind hier noch nicht alle „Namen" (= Überschriften) so fest und selbstverständlich, wie es bei den Tönen der politischen Lieder der Fall ist. Vielleicht wird sich überhaupt, abgesehen von denjenigen Liedern, deren Namen eindeutig feststehen (Palästinalied, Mailied, Absage an

---
[1]) Seine Musikgeschichte des Stiftes Kremsmünster, die im Sommer (im Selbstverlag) erscheinen wird, bringt eine Abbildung der betreffenden Seite der Hs. N.
[2]) ZfdA 79 (1942).
[3]) Vgl. Bützler, Untersuchungen zu den Melodien Walthers (1940), 103.

die Welt, Preislied, Gegen Neidhart usw.), doch schließlich als bequemste und treffendste Art des Zitierens die Anfangszeile durchsetzen (nebst Strophennummer und Zeilenzahl). Jedenfalls habe ich bei den meisten der noch nicht betitelten Lieder (unter den „Unechten und Zweifelhaften") die erste Zeile als Überschrift gewählt.

Es bleibt mir die Pflicht des Dankes. Durch die Verschaffung von Auskünften, von Photokopien oder Mikrofilmen von Handschriften haben mich in liebenswürdiger Weise unterstützt: die schon genannte Stiftsbibliothek in Kremsmünster (Hs. N); die Landesbibliothek in Weimar, die Stadt- und Universitätsbibliothek in Bern; die Westdeutsche Bibliothek in Marburg; die Staatsbibliotheken in Berlin und München; die Landesbibliothek in Wolfenbüttel, die Universitätsbibliotheken in Heidelberg und Würzburg; die fürstlich Fürstenbergische Bibliothek in Donaueschingen; die Ratsbibliothek in Leipzig. Ihnen allen bin ich zu Dank verpflichtet.

Auf diese Weise standen mir Photographien der Handschriften D, E, F, i, L, N, n und p zur Verfügung. Die großen Handschriften A, B, C konnten in den Facsimile-Ausgaben benutzt werden, ebenso die Haager Liederhandschrift in der schönen Ausgabe von E. F. Kossmann (1940). Für die Hss. G und O habe ich mich auf die buchstabengetreuen Abdrucke von C. von Kraus verlassen (Germanica 1925, 504 ff. und ZfdA 70, 1933, 81 ff.), für M auf die Beschreibung in der neuen Ausgabe der Carmina Burana von A. Hilka und O. Schumann, Band II (1941) zu den Strophen 151a und 169 a (S. 257 f. und 286 f.). U^x und U^{xx}, nach Auskunft der Wolfenbütteler Landesbibliothek heute im Besitz des Landeskirchenamts in Braunschweig, waren nicht erreichbar. Alle an diese Stelle gerichteten Briefe blieben ohne Antwort. Für U^{xx} steht der Abdruck Carls von Kraus, ZfdA 59 (1922) 312 f. zur Verfügung; für w^{xx} ist Degerings Wiedergabe ZfdA 53, (1912) 337 f. (mit Lichtdrucken); für Z sind die Tafeln in der Veröffentlichung von Jostes ZfdA 53 (1912) 348 ff. und Plenio, Beitr. 42 (1917) 491 ff. vorhanden.

E. Ochs und S. Gutenbrunner hatten die Güte, eine Korrektur zu lesen.

Fast 130 Jahre nach Karl Lachmanns großer Editionsleistung durfte und mußte vielleicht doch der vorliegende Versuch gewagt werden; möge er trotz aller Mängel und trotz der immer noch großen Unsicherheiten in der Chronologie als ein Fortschritt empfunden werden und zu weiterem Fortschreiten anregen.

Freiburg i. Br., den 21. und 26. Dezember 1955   *F. M.*

Die Abkürzungen im Apparat

I. Handschriften:

A = Universitätsbibliothek Heidelberg, Hs. Nr. 357 (= „Kleine Heidelberger Liederhandschrift")
a = späterer Nachtrag in derselben Hs.
B = Landesbibliothek Stuttgart, Hs. Nr. H B XIII poet. germ. 1 (= „Weingartner Liederhs.")
C = Universitätsbibliothek Heidelberg, Hs. Nr. 848 (= „Große Heidelberger oder Manessische Liederhs.")
D = Universitätsbibliothek Heidelberg, Hs. Nr. 350
E = Universitätsbibliothek München, Hs. Nr. 731 (= „Würzburger Liederhs.")
e = Anhang der „Würzburger Liederhs."
F = Hs. Q 564 der Landesbibliothek in Weimar („Weimarer Liederhs.")
G = Münchner Staatsbibliothek Cgm. 5249/74
H = an die Heidelberger Hs. D angebunden
i = eine Strophe des Lieds Nr. 74 in der Donaueschinger Parzivalhs.
L = eine Strophe des Preislieds im „Frauendienst" Ulrichs von Lichtenstein
M = drei Strophen in der Münchner Hs. der „Carmina Burana", Staatsbibliothek München Clm. 4660.
N = Stiftsbibliothek zu Kremsmünster, Cod. Nr. 127 VII. 18
n = eine Strophe des Lieds Nr. 72 in der Leipziger Liederhs, Ratsbibliothek Leipzig CCCCXXI, Rep. II, fol. 70 a
O = Staatsbibliothek in Berlin, Hs. germ. oct. 682
p = Stadt- und Universitätsbibliothek Bern, Hs. 260
s = Königl. Bibliothek im Haag Nr. 721 („Haager Liederhs.")
U^x = Landeskirchenamt in Braunschweig, früher Landesbibliothek Wolfenbüttel, Sign. 404.9 Nov. 16
U^{xx} = ebenso, Sign. 404. 9. Nov. 16 a
w^{xx} = Staatsbibliothek in Berlin Ms. germ. oct. 462
x und y = Stücke aus dem Lied Nr. 60 (L. 72, 31 *Sumerlatenlied*), abgedruckt in Gräters „Bragur" Bd. 3 (1794), 411 f. und 8 (1812), 207.
Z = Staatsarchiv in Münster, Ms. VII, 51 („Münsterer Fragment")

II. Bearbeiter.

Ba(rtsch) = die neueren Auflagen von Pfeiffers Ausgabe
Br. = Hennig Brinkmann, Beiträge 63 (1939), 346 f. und „Liebeslyrik der deutschen Frühe" (1952)
H. = Haupt in seiner Ausgabe von „Minnesangs Frühling"
Hb = K. H. Halbach, ZfdPh 63 (1938), 210 ff.
Kr. = C. von Kraus, Walther von der Vogelweide, Untersuchungen (1935) und in den neuen Auflagen von Lachmanns Ausgabe.
L. = Karl Lachmann in seiner Ausgabe seit 1827

L.-Kr.	= die neuen Auflagen dieser Ausgabe.
Mi.	= Viktor Michels in der 4. Auflage der Ausgabe von Wilmanns, 1924
P.	= Hermann Paul in seiner Ausgabe (bis 1921)
Pf.	= Franz Pfeiffer, Ausgabe in den „Klassikern des Mittelalters" Bd. 1 (1864)
W.	= Wilhelm Wilmanns in der Ausgabe von 1869
Wa.	= Wilhelm Wackernagel und Max Rieger, Ausgabe von 1862
W.-M.	= Wilmanns-Michels, 4. Auflage der Ausgabe von Wilmanns von 1924

III. Sonstige neuere Literatur (meist mit dem Namen der Verfasser zitiert):

Beyschlag, S. B.: *herzeliebe* und *mâze*. Beiträge 67 (1944) 386 ff.
Böhm, Hans B.: Walther von der Vogelweide, Minne – Reich – Gott, 1942
Bützler, Carl B.: Untersuchungen zu den Melodien Walthers von der Vogelweide, 1940
Frings, Theodor F.: Walthers Gespräche. Festschrift für D. Kralik, 1954
Ders.: Minnesänger und Troubadours, 1949
Ders.: Erforschung des Minnesangs. Forsch. u. Fortschr. 26 (1950)
Ders.: Walthers *vaden* 44, 9. Beiträge 73 (1951) 320
Ludwig, E. L.: *Wip* und *frouwe* (zu L. 47, 36 ff.) 1937
Gennrich, Friedrich G.: Melodien Walthers von der Vogelweide, ZfdA 79 (1942) 24 ff.
Ders.: Zur Liedkunst Walthers von der Vogelweide, ZfdA 85 (1954/55) 203 ff.
Halbach, Kurt Herbert H.: Waltherstudien. ZfdPh 65 (1940) 142 ff.
Ders.: Formbeobachtungen an staufischer Lyrik. ZfdPh 60 (1935) 11 f.
Huisman, J. A. H., Neue Wege zur dichterischen und musikalischen Technik Walthers von der Vogelweide, Utrecht 1950
Kuhn, Hugo K.: Walthers Kreuzlied und Preislied, 1936
Lachenmaier, Gustav L.: Walther- und Reinmarfragen. ZfdPh 60 (1935) 1 ff.
Neumann, Friedrich N.: Walther von der Vogelweide „Ir sult sprechen willekomen". In: Gedicht und Gedanke, herausgegeben von H. O. Burger, 1942
Ders.: Der Minnesänger Walther von der Vogelweide. Der Deutschunterricht 1953, Heft 2, 43 ff.
Kracher, Alfred: Zur Gestaltung einer neuen Walther-Ausgabe. Anzeiger der phil.-hist. Klasse der Österr. Akademie der Wiss. 1952, Nr. 22.
Nagel, B. N.: Das Musikalische im Dichten der Minnesinger. G. R. M. 33 (1951/52) 268 f.
Ochs, Ernst: Walther 54, 21: *decke bloz!* ZfMundartf. 11 (1935) 20
Schneider, Hermann: Drei Waltherlieder. ZfdA 73 (1936) 165 ff.
Schröder, Franz Rolf: Zu Walther 54, 7. Germ.-rom. Monatsschrift 35 (1954) 242
Wiegand, J. W.: Technische Bemerkungen zu zwei Liedern Walthers von der Vogelweide. Beiträge 75 (1953) 296 ff.
Wiessner, Edmund W.: Berührungen zwischen Walthers und Neidharts Liedern. ZfdA 84 (1952/53) 241 ff.

I. Die frühen Lieder
(Vor 1198 entstanden)

31. Die Augen des Herzens

1 Sumer unde winter beide sint   L. 99, 6 (C 96)
    guotes mannes trost, der trostes gert.
    er ist rehter fröide gar ein kint,
    der ir niht von wibe wirt gewert.
   5 Da von sol man wizzen daz,
    daz man elliu wip sol eren und iedoch die besten baz.

2 Sit daz nieman ane fröide touc,   L. 99, 13 (C 97)
    so wolte ich vil gerne fröide han
    von der mir min herze nie gelouc,
    ez ensagte ir güete ie sunder wan.
   5 Swenn ez dougen sante dar,
    seht, so brahtens im diu maere, daz ez fuor in sprüngen gar.

3 In weiz niht wol wiez dar umbe si: L. 99, 20 (C 98)
    sin gesach min ouge lange nie.
    sint ir mines herzen ougen bi,
    so daz ich ane ougen sihe sie?
   5 Dast ein wunder an geschehen,
    wer gap im daz sunder ougen, deiz si zaller zit mac sehen?

4 Welt ir wizzen waz diu ougen sin   L. 99, 27 (C 99)
    da mit ich si sihe dur elliu lant?
    ez sint die gedanke des herzen min
    die da sehent dur mure und ouch dur want.

    L.-Kr. zerlegen die letzte Zeile in zwei Vierheber.
    2, 2 So wolte ouch ich C, L.-Kr.: ouch str. Wa., Pf.;   4 mir ir C; L.-Kr.: mir str. Wa., Pf.;   5 dougen Wa., Kr.: diu ougen C, L.;
    8, 5 ist doch ein C, L.-Kr.: doch str. Wa.;   7 Daz ez C, L.: Deiz Wa., Kr.
    4, 3 gedenke C;   4 so Wa.: da mite sihe ich dur C, L.-Kr.;

    5 Hüeten swie si dunke guot,
    sehent si doch mit vollen ougen herze, wille und al der muot.

5   Wirde ich iemer ein so saelic man,   L. 99, 34 (C 100)
    daz si mich ane ougen sehen sol,
    siht si mich in ir gedanken an,
    so vergiltet si mir mine wol.
   5 Minen willen gelte mir,
    sende mir ir guoten willen, minen den habe iemer ir.

32. Botschaft

1   Frow(e), vernemt dur got von mir diz maere,   L. 112, 35 (C 386)
    ich bin ein bote und sol iu sagen:
    ir sünt wenden einem ritter swaere,   L. 113, 1
    der si lange hat getragen.
   5 Daz sol ich iu künden so:
    ob ir in welt fröiden richen,
    sicherlichen   des wirt manic herze fro.

2   Frowe, enlat iuch des so niht verdriezen,   L. 113, 7 (C 387)
    ir engebt im hohen muot.
    des mugt ir und alle wol geniezen,
    den ouch fröide sanfte tuot.
   5 Da von wird sin sin bereit,
    ob ir in ze fröiden bringet,
    daz er singet   iuwer ere und werdekeit.

3   Frowe, sendet im ein hochgemüete,   L. 113, 35 (C 389)
    sit an iu sin fröide stat.
    er mac wol geniezen iuwer güete,
    sit diu tugent und ere hat.

    4, 5 Nu hüeten C, L.-Kr.: Nu str. Wa.;   6 So sehent C, L.-Kr.: Jedoch sehent mit Wa.: Doch so sehent mit Pf.;
    32. Die Schlußzeile wird von L. und Wa. jeweils in zwei Zeilen zerlegt.
    1, 1 von fehlt in C, erg. L.; st. dessen: got mir ditze m. Wa.;   2 Br. str. ein;   3 so L.-Kr.: einem ritter sine sende swere C: einem sende sw. Wa.;   4 so L.-Kr.: si fehlt in C;
    2, 3 alle die C: al die L.: die str. Kr.;   6 ir C (gegen Pfaffs Abdr. u. a.).

5 Frowe, gebt im hohen muot!
welt ir, truren ist verkeret,
daz in leret daz er daz beste gerne tuot.

4 „Ja möhte ich michs an in niht wol gelazen   L. 113, 23 (C 388)
daz er wol behüete sich.
krumbe wege die gent bi allen strazen,
da vor got behüete mich.
5 Ich wil nach dem rehten varn.
ze leide im der mich anders lere!
swar ich kere, da müeze mich doch got bewarn!"

33. Verlegenheit

1 Herre got, gesegene mich vor sorgen,   L. 115, 6 (C 398; E 9)
daz ich vil wünnecliche lebe.
wil mir ieman sine fröide borgen,
daz i'm ein ander wider gebe?
5 Die vind ich vil schiere ich weiz wol wa.
wan ich liez ir wunder da,
der ich vil wol mit sinnen
getriuwe ein teil gewinnen.

2 Al min fröide lit an einem wibe,   L. 115, 14 (C 399; E 10)
der herze ist ganzer tugende vol;
und ist so geschaffen an ir libe
daz man ir gerne dienen sol.
5 Ich erwirbe ein lachen wol von ir.
des muoz sie gestaten mir,
wie mac si ez behüeten,
in fröwe mich nach ir güeten.

3, 6 ir sin tr. C, L.-Kr. u. a.;   7 so Paul, Kr.: Das es C: Daz ez L.; Die Umstellung der Strophen 3 und 4 unterläßt Br.;
4, 1 michs L.: mich des C;   2 behüete Wa., Kr.: behuote C, L.
1, 4 so L.: Das im CE: Deich im Simr. u. Br.; 6 vil str. W. Simr. Pf. Br.; 8 Getruwe E;
2, 1 Alle min C;   2 tugenden C;   3 so L.-Kr.: und gesch. CE: unde so g. Br.;   5 erwirbe Bodmer: erwrbe C: erwürbe E;   7 sis CE: siz L.-Kr. u. a.;   8 Ich CE: Ich L. (vorher: behüeten?, ebenso Br.): in Kr.; nach CE, Wa., Kr.: noch L., Br.

3   Als ich under wilen zir gesitze,   L. 115, 22 (C 400, E 11)
so si mich mit ir reden lat,
so benimt si mir so gar die witze,
daz mir der lip alumme gat.
5 Swenne ich iezuo wunder rede kan:
gesihet si mich einest an
so han ich es vergezzen,
waz wolde ich dar gesezzen.

34. Klage und Trost

1   Got gebe ir iemer guoten tac   L. 119, 17 (C 422, E 125)
und laze mich si noch gesehen,
diech minne und niht erwerben mac:
mich müet daz ich si horte jehen
5 wie holt si mir entriuwen waere,
und sagte mir ein ander maere.
des min herze lidet kumber inneclichen iemer sit.
we wie süeze ein arebeit,
ich han ein senfte unsenftekeit.

2   „Ich waere dicke gerne fro,   L. 119, 35 (C 423, E 126)
wan daz ich niht gesellen han.
nu alle liute trurent so,
wie möhte ichz eine denne lan?   120, 1
5 Ich müese ir vingerzeichen liden,
ichn wolte fröide durch si miden.
sus behalte ich wol ir hulde, daz siz lazen ane nit.
ich gelache niemer niht
wan da ez ir dekeiner siht."

3, 5 so L.: iezo (iezuo E) von der rede kam CE;   6 sihet Wa., Br.: eines E;   7 ichs CE, L.-Kr. u. a.
1, 2 si fehlt CE;   4 horte L.: hoere CE, Wa.;   6 sagte L.: sagt C: saget E, Wa.;   7 herze inneclichen (minnenclichen E) CE, L. Br.: Inneclichen des min h. kumber l. Kr.;   8 Ouwe C, L.-Kr.: Uwe E: We Wa.
2, 3 Nu alle liute Br.: Nu si alle (allen E) CEL.-Kr.: Nu si ab alle Wa.; truren CE;   4 ichz L.: ich CE;   5 Ich L.: Ichn CE; mueze C, muest E;   6 so L.: durch si nit miden CE;   7 behabe C; sis lasse C: sie lazzen E; nit C: niht E;   8/9 so Wa., Kr.: Wand ich gel. n. n. / Da ez ... CE; L.: Wand ich ... / Wan da ... Br.

3 Ez tuot mir inneclichen we, L. 120, 7 (C 425, E 128)
  als ich gedenke wes man pflac
  in dirre werlte wilent e.
  ouwe deich niht vergezzen mac,
  5 wie rehte fro die liute waren,
  do kunde ein saelic man gebaren!
  unde spilet im sin herze gein der wünneclichen zit.
  sol daz niemer mer geschehen,
  so müet mich daz ichz han gesehen.

4 „Got hat vil wol ze mir getan, L. 119, 27 (C 424, E 127)
  sit ich mit sorgen minnen sol,
  daz ich mich underwunden han
  dem alle liute sprechent wol.
  5 Im wart von mir in allen gahen
  ein küssen und ein umbevahen.
  seht do schoz mir in min herze daz mir iemer nahe lit,
  unz ich getuon des er mich bat –
  ich taetez, wurde mirs diu stat."

35. Rechte Minne

1 Maneger fraget waz ich klage L. 13, 33 (C 16)
  unde giht des einen daz ez iht von herzen ge.
  der verliuset sine tage,
  wand im wart von rehter liebe weder wol noch we. 14, 1
  5 Des ist sin geloube kranc.
  swer gedaehte
  waz diu minne braehte,
  der vertrüege minen sanc.

3, 2 wes C: des E;   3 In der w. CE, L.-Kr.: In al der w. Wa.;   7 Unde spilte CE: Unde spilet L.: Unde spilte im ie Wa.: Und hohe spilet im Br.; 8 iemer C; Und sol daz Br.;
4, 1 hat fehlt in C;   4 sprechen E;   7 Seht erg. L.: fehlt CE;   8 tuon Wa.;   9 würde mir sin stat E.
35. Br. setzt in den Zeilen 2 und 4 jeder Strophe Cäsuren (nach *einen, rehter* usw.); Wa. schreibt die Zeilen 6/7 jeder Strophe als zäsurierte Langzeile.
1, 4: wart C: wirt L.; nie weder C: neweder L.: weder Wa., Kr.;   5 geloube L.: geluke C;

2   Minne ist ein gemeinez wort   L. 14, 6 (C 17, p 31)
     und doch ungemeine mit den werken, dest also.
     minne ist aller tugende ein hort,
     ane minne wirdet niemer herze rehte fro.
   5 Sit ich den gelouben han:
     frouwe Minne,
     fröit ouch mir die sinne.
     mich müet, sol min trost zergan.

3   Min gedinge ist, der ich bin   L. 14, 14 (C 18)
     holt mit rehten triuwen, dazs ouch mir daz selbe si.
     triuget dar an mich min sin,
     so ist minem wane leider lützel fröiden bi.
   5 Neina herre! sist so guot:
     swenne ir güete
     erkennet min gemüete,
     daz si mir daz beste tuot.

4   Wiste si den willen min,   L. 14, 22 (C 19, p 32)
     liebes unde guotes des wurd ich von ir gewert.
     wie möht aber daz nu sin,
     sit man valscher minne mit so süezen worten gert?
   5 Daz ein wip niht wizzen mac
     wer si meine,
     disiu not alleine
     tuot mir manegen swaeren tac.

5   Der diu wip alrerst betrouc   L. 14, 30 (C 20, p 30)
     der hat beide an mannen und an wiben missevarn.
     in weiz waz diu liebe touc,
     sit sich friunt gein friunde niht vor valsche kan bewarn.

   2, 1 ist gemeine p;   2 an den w'ncken dast p;   3 aller sel den hort p;
4 Ane minne mag niemer herze werden rehte fro p;   6 Frowen p;   7 Troestent mir p;   8 Mir ist leit sol p.
   4, 1 Wuste die liebe minen sin p;   2 So möht ich wol liebes unde gewert p;   3 We wie p; nuC: min p;   4 liebe p. Die Interpunktion der Zeilen 3 ff. richtig bei Br.; die von L.-Kr. zerstört den Strophenbau.
   5, 1 alrerst C, Wa., Kr.: von erst p; L.;   2 an wiben und an mannen p;
3 weis niht was die Minne dung p;

5 Frowe, daz ir saelic sit!
lant mit hulden
mich den gruoz verschulden,
der an friundes herzen lit.

36. Liebesglück

1   Ganzer fröiden wart mir nie so wol ze muote: L. 109, 1 (C 348)
    mirst geboten daz ich singen muoz.
    saelic si diu mir daz wol verste ze guote!
    mich mant singen ir vil werder gruoz.
  5 Diu min iemer hat gewalt,
    diu mac mir wol truren wenden
    unde senden   vröide manicvalt.

2   Git daz got daz mir noch wol an ir gelinget,   L. 109, 9 (C 349)
    seht so waere ich iemer mere fro.
    diu mir beide herze und lip ze fröiden twinget,
    mich betwanc nie me kein wip also.
  5 E was mir gar unbekant
    daz diu minne twingen solde
    swie si wolde,   unz ichz an ir bevant.

3   Minne, wunder kan din güete liebe machen   L. 109, 17 (C 352)
    und din twingen swenden fröiden vil.
    du lerst ungemüete uz spilnden ougen lachen,
    swa du meren wilt din wunderspil.

5, 6 lant mit uwern h. p;   7 beschulden p;   8 hertze p.
36. Die Schlußzeile jeder Strophe ist von L. in zwei Zeilen zerlegt, von Wa. zusammengefaßt.
2 Die Zeichensetzung so mit Br.; L. setzt Komma nach 2, Punkt nach 3; Wa. Doppelpunkt nach 2.
2, 5 E L.: Es C.
3: von L. an diese Stelle gerückt, von Kr. überzeugend begründet; auch scheint mir die jetzige Str. 5 der weit bessere Schluß.
3, 3 Du lerest liebe C: Wan du l. l. W.-M., Br.; Du lerst ungemüete Kr.: Du l. herzeleit Wa.: Wan du lerst leit (leide P.) Pf. P.;

    5 Du kanst fröidenrichen muot
      so verworrenlich verkeren,
      daz din seren   sanfte unsanfte tuot.

4   Süeze Minne, sit nach diner süezen lere   L. 109, 25 (C 350)
    mich ein wip also betwungen hat,
    bit si dazs ir wiplich güete gegen mir kere:
    so mac miner sorgen werden rat.
    5 Dur ir liehten ougen schin   L. 110, 1
      wart ich also wol enpfangen,
      gar zergangen   was daz truren min.

5   Mich fröit iemer daz ich also guotem wibe   L. 110, 5 (C 351)
    dienen sol uf minneclichen danc.
    mit dem troste ich dicke truren mir vertribe
    und wirt al min ungemüete kranc.
    5 Endet sich min ungemach,
      so weiz ich von warheit danne
      daz nie manne   an liebe baz geschach.

37. Zwiegespräch I

(Abgelehnte Werbung)

1   Frowe, enlat iuch niht verdriezen   L. 85, 34 (A 7 „Lutolt von
    miner rede, ob si gefüege si.   Seven". C 42, E 78)
    möhte ichs wider iuch geniezen,
    so waer ich den besten gerne bi.   L. 86, 1
    5 Wizzet daz ir schoene sit.
      hat ir, als ich mich verwaene,
      güete bi der wolgetaene,
      waz danne an iu einer eren lit!

3, 5 froeiderichen C;   6 verworrenliche C, L.-Kr. (doch vgl. 37, 4,4!).
4, 4 sorgen C, Wa., Kr.: sorge L.
5, 4 al fehlt in C; von L. Anm. erg., Kr.: Unde wirt min L.
37. Wa. schließt sich durchgehend mehr an A an.
1, 1 Frowe C: Frowen A: Frauwe ir E; enlat L.-Kr.: lat (lant C) ACE;
2 Mine E; so si A; gef. si AC: g. sin E;   3 Möht ichs C: Mohte is A: Möht iz E; uch iht g. A;   4 den guoten A;   6 Hant ir C: Habt ir E: Hatte ir danne A;   8 ú einer C: uch reiner A: ir einer E.

2 „Ich wil iu ze redenne gunnen L. 86, 7 (A 8 „Lutolt v. S."
   (sprechet swaz ir welt), obe ich niht tobe. C 43; E 79)
   daz hat ir mir an gewunnen
   mit dem iuwern minneclichen lobe.
 5 Ichn weiz obe ich schoene bin.
   gerne hete ich wibes güete,
   leret mich wiech die behüete:
   schoener lip entouc niht ane sin."

3 Frowe, daz wil ich iuch leren, L. 86, 15 (A „Lutolt" 9.
   wie ein wip der werlte leben sol. C 44; E 80)
   guote liute sult ir eren,
   minneclich an sehen und grüezen wol.
 5 Eime sult ir iuwern lip
   geben für eigen, nemet den sinen.
   frowe, woltet ir den minen,
   den gaeb ich umb ein so schoene wip.

4 „Beide schowen unde grüezen, L. 86, 23 (C 45; E 81)
   swaz ich mich dar an versumet han,
   daz wil ich vil gerne büezen:
   ir hat hovelich an mir getan.
 5 Tuot durch minen willen me.
   sit niht wan min redegeselle:
   in weiz nieman dem ich welle
   nemen den lip, ez taete im lihte we."

5 Frowe, lat michz also wagen: L. 86, 31 (C 46; E 82)
   ich bin dicke komen uz groezer not,

2, 1 Ich muoz E;   2 Swaz ir wöllet frauwe ob ich niht tobe E;   3 hat A: hant C: habt C; an mir A;   4 dem úwerm C: dem ürem E; minniklichem CE;   7 Leret E: Lerent AC; wiech Wa., Kr.: wie ich ACE., L.;   8 Reiner l. A; entoug AE: der toug C.
3, 1 da CE: so A; iu CE;   2 der C: zer AE;   4 grüezen fehlt in E;   5 Einer E;   6 Nement A; umb eigen C; zuo eigene geben und nemen den sinen E;   7 Owe frauwe wölt ir minen E.
4, 1 Beide an sch. und an grüessen C;   2 Swaz E: Swa C; versümet E;   4 Ir habt vil wol an mir getan E;   5 fehlt in E;   6 Sit min guot rede geselle E;   7 Nieman weiz ich deme E;   8 Neme E.
5, 1 lant mich es also C: daz wil ich so E;   2 groezer Wa., Kr.: grozer L.: grosser C: in grosse not E;

unde lats iuch niht betragen,
stirbe ab ich, so bin ich sanfte tot.
5 „Herre ich wil noch langer leben.
lihte ist iu der lip unmaere:
waz bedorfte ich solher swaere,
solt ich minen lip umb iuwern geben?"

5, 3 Des ensol mich nit betragen E; 6 daz leben E; 7 Waz bedürfet ir E.

Lieder der ersten Fehde mit Reinmar

Reinmar Lied 13 (Kraus): *Der Ostertag*

1   Ich wil allez gahen   M. F. 170, 1 (b 34. C 77. E 246)
    zuo der liebe die ich han.
    So ist ez niender nahen
    daz sich ende noch min wan.
  5 Doch versuoche ichz alle tage
    und dien ir so dazs ane ir danc
    mit fröiden muoz erwenden kumber den ich trage.

2   Mich betwanc ein maere   M. F. 170, 7 (A 70. b 35. C 78. E 245)
    daz ich von ir horte sagen,
    wies ein frouwe waere
    diu sich schone kunde tragen.
  5 Daz versuochte ich unde ist war.
    ir kunde nie kein wip geschaden
    (daz ist wol kleine) also groz als umbe ein har.

3   Swaz in allen landen   M. F. 170, 15 (A 69. b 36. C 79. E 242)
    mir ze liebe mac geschehen,
    das stat in ir handen:
    anders niemen wil ichs jehen.
  5 Si ist min osterlicher tac,
    und hans in minem herzen liep:
    daz weiz er wol dem nieman niht geliegen mac.

Reinmar Lied 14 (Kraus): „*Matt!*"

1   Ich wirbe umb allez daz ein man   M. F. 159, 1 (A 6. b 1. C 35. E 297)
    ze wereltlichen fröiden iemer haben sol.
    daz ist ein wip der ich enkan
    nach ir vil grozen werdekeit gesprechen wol.
  5 Lob ich si so man ander frouwen tuot,
    dazn nimet eht si von mir niht für guot.
    doch swer ich des, sist an der stat,
    daz uz wiplichen tugenden nie fuoz getrat.
    daz ist in mat!

2 Si ist mir liep, und dunket mich M. F. 159, 10 (A 7. b 4. C 38. E 298)
daz ich ir vollecliche gar unmaere si.
nu waz dar umbe? daz lid ich,
und bin ir doch mit triuwen staeteclichen bi.
5 Waz obe ein wunder lihte an mir geschiht,
daz si mich eteswenne gerne siht?
sa denne laze ich ane haz,
swer giht daz ime an fröiden si gelungen baz:
der habe im daz!

3 Als eteswenne mir der lip M. F. 159, 19 (A 8. b 2. C 36. E 299)
dur sine boese unstaete ratet daz ich var
und mir gefriunde ein ander wip
so wil iedoch daz herze niender wan dar.
5 So wol im deiz so reine welen kan
und mir der süezen arebeite gan.
des han ich mir ein liep erkorn
dem ich ze dienste, und waere ez al der werlte zorn,
muoz sin geborn!

4 Swaz jare ich noch ze lebenne han, M. F. 159, 28 (A, b 5. C 39. E 300)
swie vil der waere, irn wurde ir niemer tac genomen.
so gar bin ich ir undertan,
daz ich unsanfte uz ir genaden möhte komen.
5 Ich fröu mich des, daz ich ir dienen sol:
si gelonet mir mit lihten dingen wol.
geloube eht mir, swenne ich ir klage
die not diech inme herzen von ir schulden trage,
dicke an dem tage!

5 Und ist daz mirs min saelde gan, M. F. 159, 37 (A 9. b 3. C 37. E 301)
deich abe ir redendem munde ein küssen mac versteln,
git got deichz mit mir bringe dan,
so wil ichz tougenliche tragen und iemer heln.
5 Ist aber daz siz für groze swaere hat
und vehet mich durch mine missetat:
waz tuon ich danne unsaelic man?
da heb i'z uf und legez hin wider, als ich wol kan,
da ichz do nam!

(Im Text der Reinmarlieder habe ich mich im ganzen an die Ausgabe von M. F. von 1940 angeschlossen; nur bin ich einige Male näher bei der Hs. A geblieben als C. von Kraus.)

38. „Gegenmatt!"
(Gegen Reinmars Lieder 13 und 14)

In dem done Ich wirbe umb allez daz ein man   L. 111, 22 (C 379)

1   Ein man verbiutet ane pfliht
    ein spil, des im doch nieman wol gefolgen mac.
    er gihet, swenne ein wip ersiht
    sin ouge, ir si mat sin osterlicher tac.
   5 Wie waere uns andern liuten so geschehen,
    solt wir im alle sines willen jehen?
    ich bin der imez versprechen muoz,
    bezzer waere miner frowen senfter gruoz:
    deist mates buoz!

2   „Ich bin ein wip da her gewesen   L. 111, 32 (C 380)
    so staete an eren und ouch also wol gemuot.
    ich truwe ouch noch vil wol genesen,
    daz mir mit stelne nieman keinen schaden tuot.
   5 Swer küssen hie ze mir gewinnen wil,
    der werbe ab ez mit fuoge und anderm spil.
    ist daz ez im wirt sus iesa,
    er muoz sin iemer sin min diep, und habe imz da
    und anderswa!

Reinmar Lied 15 (Kraus): *Abwehr*

1   Herzeclicher vröide wart mir nie so not   M. F. 196, 35 (C 242. E 252)
    mir tuot ein sorge tougenlichen we.
    daz muoz sin an mir vil unverwandelot,
    in gelebe daz si genade an mir bege.

1, 1/2 so L.: ein spil ane pfliht C;   2 so Wa.: des im nieman wol gevolgen m. C, L.: des im wol nieman gevolgen m. Br.: des nieman im wol volge geben m. Kr.;   3/4 so L.-Kr.: Er giht wenne sin ouge ein wib ersiht Si si sin osterlicher tag C: Er g. swenn so sin ouge ersiht / ein wip, sin frouwe si sin o. t. Br.;   6 Solten C.;   7 so L.: der eine ders v. C.: Ich eine bin ders v. Br.;   9 Da ist C.

2, 1 ein wib zweimal in C;   4 so L.-Kr.: mir selkem st. n. sch. t. (mit solhem P., Br.) C, P. Br.;   5 Swer aber C;   6 ab fehlt in C; ander C; 7 wirt esa C;   9 Und lege es anderswa C.

4 Maurer

    5 So müeste ich iemer mere truren lan   M. F. 197, 1
      und lieze mange rede, als ich niht horte vür diu oren gan.

2   Waz unmaze ist daz, ob ich des han gesworn   M. F. 197, 3 (C 243.
      daz si mir lieber si dan elliu wip?   E 253 „Walter". m 1)
      an dem eide wirdet niemer har verlorn,
      des setze ich ir ze pfande minen lip.
    5 Swie si gebiutet, also wil ich leben:
      sin gesach min ouge nie diu baz ein hohgemüete könde geben.

3   Ungefüeger schimpf bestet mich alle tage,   M. F. 197, 9 (C 244. E 255)
      si jehent daz ich ze vil gerede von ir
      und diu liebe si ein lüge diech von ir sage:
      owe wan lazent si den schaden mir?
    5 Si möhten tuon als ich da han getan
      und heten wert ir liep und liezen mine frowen gan.

39. Frauenmonolog

(Die *Frouwe* in der Entscheidung)

1   „Mir tuot einer slahte wille   L. 113, 31 (C 390. E 1. O 23.
      sanfte und ist mir doch dar under we.   U^x 2)
      ich minne einen ritter stille,
      dem enmac ich niht versagen me
    5 des er mich gebeten hat.
      tuon ich des niht, mich dunket daz min niemer werde rat.

2   Dicke dunke ich mich so staete   L. 113, 37 (C 391. E 2. F 1.
      mines willen. so mir daz geschiht   O 24. U^x 3)
      swie vil er mich denne baete,   L. 114, 1
      al die wile daz enhulfe niht.

    89. Kraus u. Br. setzen in der letzten Zeile jeweils eine Caesur an (nach: dunket, muot usw.).
    1, 4 en fehlt in CE; ich niht fehlt in O;   6 Entuon Kr., Br.: Tuon CEOU, L., Wa.; ich des O: ichs CEU, L.-Kr., Br.: ich sin Wa.; immer EO.
    2, 1 O setzt bei *staete* ein; Offt F;   2 mit *daz* endet O;   3 danne U, Br.: denn F;   4 das enhulff in F: so enhulfe es CE;

5 Ieze han ich den gedanc:
    waz hilfet daz? der muot enwert niht eines tages lanc.

3   Wold er mich vermiden mere!   L. 114, 5 (C 392. E 3. F 2. U˟ 4)
    ja versuochet er mich alze vil.
    ouwe des fürht ich vil sere,
    daz ich müeze volgen swes er wil.
    5 Gerne het ichz nu getan,
    wan deichz im muoz versagen und wibes ere sol began.

4   In getar vor tusent sorgen   L. 114, 11 (C 393. E 4. F 3.
    die mich tougen in dem herzen min   O 25. U˟ 5)
    twingent abent unde morgen,
    leider niht getuon den willen sin.
    5 Daz ichz iemer einen tac
    sol fristen, deist ein klage diu mir ie bi dem herzen lac.

5   Sit daz im die besten jahen   L. 114, 17 (C 394. E 5. F 4.
    daz er also schone künne leben,   O 26. U˟ 6)
    so han ich im mir vil nahen
    inme herzen eine stat gegeben,
    5 da noch nieman in getrat.
    si hant daz spil verlorn, er eine tuot in allen mat."

    2, 5 Jezu U: Jczunt E: Ye so F; den danck F;   6 helfet; den mut er wirt nicht eines F; ist kume C; kume ist E.
    3, 1 Wil CE, L.;   2 So CE, L.; al fehlt in F;   3 O we U; Uwe E; vorhte C; vilze C;   4 muoze U: muos CEF: muoz L.; veriehen wer w. F; verjehen swes L.;   6 so L.-Kr.: das ichs im C: daz iz ime E: das ich FU (denen W.-M. und Br. folgen).
    4, 1 Ich E; Ich entar FO; von tugent U;   2 tougen U: twingent CEFO, L.;   3 Den abent (aben E) und den m. CEFO; Beide den abent und den L.;   4 Leider U: Mag ich leider CE: fehlt in FO; des C, L.;   5 ichs C: ez E: ich es F: ich O;   6 Sol gefristen CEOU; deist U, Br.: dêst L.-Kr.: das ist CEFO; mein clage FO; die im F; ie bi FOU: vil nahe bi CE; den O.
    5, 1 iehen E;   2 also künes leben F; kunde OU;   3 mir U: fehlt in CEFO: ich ouch im vil n. L.;   4 so L.-Kr.; Mineme U; In mynem O; Eine stat in mime herzen CE; geben C;   5 Dar FU; nach F; in ne trat U;   6 haben FO; daz: tat F; und er eine CE; alle mut F.

40. „Wibes und Mannes heil"

1 Mich hat ein wünneclicher wan   L. 71, 35 (A 28. C 252)
und ouch ein lieber friundes trost
in senelichen kumber braht.
Sol der mit fröide an mir zergan,   L. 72, 1
⁵ so enwirde ich anders niht erlost,
ezn kome als ich mirs han gedaht
umb ir vil minneclichen lip
diu mir enfremedet alliu wip,
wan daz ichs dur si eren muoz.
¹⁰ jo enger ich anders lones niht von ir dekeiner wan ir gruoz.

2 „Mit valscheloser güete lebt   L. 72, 9 (A 29. C 253)
ein man der mir wol iemer mac
gebieten swaz er ere wil.
Sin stǽetè mir fröide gebt,
⁵ wa ích sìn vil schone pflac,
daz kumt von grozer liebe vil.
Mir ist an ime, des muoz ich jehen,
ein schoenez wibes heil geschehen,
diu saelde wirt uns beiden schin.
¹⁰ sin tugent hat ime die besten stat erworben in dem herzen min."

3 Die mine fröide hat ein wip   L. 72, 20 (A 30. C 254)
gemachet staete und mich erlost
von schulden al die wile ich lebe.
Genade suoch ich an ir lip,
⁵ enphahe ich wünneclichen trost,
der mac wol heizen friundes gebe.

Die letzte Zeile haben die Herausgeber als zwei vierhebige Zeilen aufgefaßt.
    1, 3 senclichen A;   5 en wirt A; han erdaht C;   8 enpfrömdet ellú C; 9 ich ez A; alle dur AC: ichs dur si Mi., Kr. („l. ichs an ir?" Kr. Anm.): ichs alle dur si L.
    2, 1 lebt C: liep A;   3 ere erg. L., fehlt AC;   4 mir mit fröide L.-Kr.; 5 ich ouch sin Wa., Kr.: ich ie sin Br.; phfac A: enpflac C, L.;   6 kúmet A;   9 Diu selde diu wirt A.
    3, 2/3 und endelos Von schulden AC: und mich erlost von sorgen L.: und mich erlost von schulden Wa., Kr.;

Ein mannes heil mir da geschach,
da si mit rehten triuwen jach,
ich müese ir herzen nahe sin.
10 sus darf es nieman wunder nemen, ob ane sorge lebt daz min.

    Reinmar Lied „22" (Kraus): „*Bekenntnis*"

1 „Lieber bote, nu wirp also,   M. F. 178, 1 (b 75. C 118. E 229.
 sich in schiere und sage im daz: m „van Nyphen" 1)
 vert er wol und ist er fro,
 ich leb iemer deste baz.
 5 Sage im durch den willen min
 daz er iemer solhes iht getuo
 da von wir gescheiden sin.

2 Frage er wie ich mich gehabe,   M. F. 178, 8 (E 230. m „Nyphen" 2)
 gich daz ich mit fröiden lebe.
 swa du mügest, da leite in abe
 daz er mich der rede begebe.
 5 Ich bin im von herzen holt
 und saehe in gerner denne den tac:
 daz ab du verswigen solt.

3 E dazd iemer im verjehest   M. F. 178, 15 (b 77. C 120)
 deich im holdez herze trage,
 so sich dazd alrerst besehest
 und vernim waz ich dir sage:
 5 Meine er wol mit triuwen mich,
 swaz danne im müge ze fröiden komen,
 daz min ere si, daz sprich.

4 Spreche er, daz er welle her,   M. F. 178, 22 (C 121. E 231.
 daz ichs immer lone dir,   m „Nyphen" 3)
 so bit in daz er verber
 rede dier jungest sprach ze mir:
 5 So mac ich in an gesehen.
 wes wil er des besweren mich
 daz doch nimmer mac geschehen?

8, 8 sprach AC, L.: jach Singer, Kr.; 10 Nu endarf nieman A; lebet daz herze min (herzen mich A) AC: lebt ane sorge dez herze min L.: ob a. s. lebt daz min Wa., Kr.

5 Des er gert daz ist der tot   M. F. 178, 29 (b 76. C 119. E 232.
   und verderbet mangen lip.   m „Nyphen" 5)
   bleich und eteswenne rot
   also verwet ez diu wip.
 5 Minne heizent ez die man,
   und möhte baz unminne sin.
   we im ders alrest began!

6 Daz ich also vil da von   M. F. 178, 36 (E 235. m „Nyphen" 4)
   han geredet, daz ist mir leit,
   wande ich was vil ungewon
   so getaner arebeit
 5 alse ich tougenlichen trage –
   dune solt im nimmer niht verjehen
   alles des ich dir gesage."

41. Wiederholte Werbung

1 Dir hat enboten, frowe guot,   M. F. 214, 34 (A 1 Hartman;
   sin dienest der dir es wol gan,   C 42 Hartman; E 121 Walter)
   ein ritter, der vil gerne tuot
   daz beste daz sin herze kan.
 5 Der wil dur dinen willen disen sumer sin
   vil hohes muotes verre uf die genade din.   M. F. 215, 1
   daz solt du minnecliche enpfan,
   daz ich mit guoten maeren var,
   so bin ich willekomen dar.

2 „Du solt im, bote, min dienest sagen: M. F. 215, 5 (A 2 Hartman;
   swaz ime ze liebe müge geschehen,   C 43 Hartm.; E 122 Walter)

41. Die Einheit des Lieds hat Paul zuerst hergestellt, Kraus dann aufgenommen, der eine neue Folge der Strophen (die oben übernommene) begründet hat. Wackernagel schreibt die Zeilen 7/8 als Langzeile und Kraus folgt ihm.
1,1 Mir hattenbotten A;   2 Sin E: Sinen AC; dienest AE: dienst C; dir ez wol A: dirs wol C: dirs vil wol E: dir heiles gan Br.;   5 dur AC: durch E;   6 genade C: gnade AE;   7 Daz AC: Den E; minneclich AC: -lichen E;   8 so AC: swenne ich mit sülchen meren var E.
2,1 im E: ime AC; bote fehlt in C; min Vogt: minen ACE; dienest CE: dienst A;   2 ime A: im C; Und swaz im heiles mag g. E: müg Br.;

daz möhte nieman baz behagen,
   der in so selten habe gesehen.
5 Und bite in daz er wende sinen stolzen lip
   da man im lone: ich bin ein vil vremedez wip
   zenpfahen sus getane rede.
   swes er ouch anders danne gert,
   daz tuon ich, wan des ist er wert."

3 Min erste rede dies ie vernam,   L 217, 1 = M. F. 215, 13 a ff.
   die enpfienc si deiz mich duhte guot, (A 3 Hartm.; C 44 Hartm.;
   unz si mich nahen zir gewan,   E.123 Walter)
   zehant bestuonts ein ander muot.
5 Swie gerne ich wolte, ich enmac von ir niht komen:
   diu groze liebe hat so vaste zuo genomen,
   daz si mich niht enlazet fri.
   ich muoz ir eigen iemer sin,
   nu enruoche, est doch der wille min.

4 Sit deich ir eigenlichen sol,   L 120, 16 (C 426 [449]; E 129)
   die wile ich lebe, sin undertan,
   und si mir mac gebüezen wol
   den kumber, den ich durch si han

2, 3 möhte C: mohte A: enkünne E; baz beiagen E; nieman ACE u. Kr.: niemen Vogt u. Br.; 4 selden A; 5 Und rate im daz er da bewende sinen lip E; 6 Da AC: Do E; man ime E; bin ein AC u. Br.: bin ime ein E: bin im Vogt u. Kr.; ein fremde w. E; 7 Zenpfahen(n)e A(E); sus AC: so E; rete C; 8 so Haupt (u. Kr.): Swer er uch anders gert A: swes er ouch a. gert C: Swes er denne nach eren g. E: swes er ouch ander eren g. Br.; 9 wanne er ist es wert E.
3, 1 dies ie Haupt: die si ie AC: die si Br.; Do ich der rede alrerst began E; vernam A, Br.: vernan C, Haupt, Kr.; 2 Do enpf. E; enpfie C; so Vogt: si des mich A: si das mich C: siez daz michz E; 3 so Haupt: Und mich E: Biz si mich AC; nahen zir AC: rehte zuo ir E; 4 Zuo hant E; bestuont si ACE; muot AC: wan E; 5 so Haupt: Ich mac A: in mac C: Nu möhte ich niht swie gerne ich wölte von ir kummen E; 6 Die minnecliche liebe hat so zuo genummen E; 7 niht enlazet A: nien lasset C: niht lezzet E; 8 Dez muoz ich immer ir eigen si E; 9 so A: Nu enruoch est ouch C: Inruoche ez ist E.
4, 1 Sit deich ir e. Paul, Kr.: Sit daz ich e. CE, L.; 2 so L.: ir sin CE; 3 so L.: wol geb. CE;

    5 geliten nu lange und iemer also liden muoz,
      daz mich enmac getroesten nieman, sie entuoz,
      so sol si nemen den dienest min,
      und ouch bewarn dar under mich,
      dazs an mir niht versume sich.

5   Swer giht daz minne sünde si,   L. 217, 10 (E 124; s 29, 4 heren
      der sol sich e bedenken wol.   Walthers zanch)
      ir wont vil manic ere bi,
      der man durch reht geniezen sol.
    5 Und volget michel staete und darzuo saelikeit,
      daz iemer ieman missetuot, daz ist ir leit.
      die valschen minne meine ich niht,
      diu möhte unminne heizen baz:
      der wil ich iemer sin gehaz.

4, 5 nu lange fehlt in C;   7 nemen E: nieman C;   8 so Wa., Kr.: Und bewar CE, L.: Und si bewar Br.; micht C;   9 so Kr.: Daz si sich an mir ouch versume sich niht C: D. s. s. auch an mir v. s. n. E: Daz si an m. o. n. v. sich L., Br.
    5, 1 Wer saget s;   2 sich versinnen s;   3 manige E: menige s;   4 genesen s;   5 Der volget m. truwe und stedicheit s;   6 iemer fehlt in s; ir leit s: mir l. E;   7 Der valschen minnen dye in meyn nicht s.

II. Lieder der Wanderzeit 1198-1203
(manche vielleicht später)

42. Mailied

Mu - get ir schou - wen waz dem mei - en wun - ders ist be - schert?
Seht an pfaf - fen, seht an lei - en, wie daz al - lez vert.

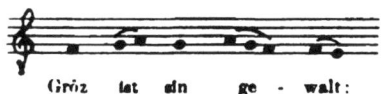

Groz ist sin ge - walt:

I - ne weiz obe er zou - ber kün - ne: swar er vert in si - ner wün - ne, dân ist nie - men alt.

1   Muget ir schouwen waz dem meien   L. 51, 13 (C 175; A „Lutolt v.
     wunders ist beschert?   Seven" 44)
     Seht an pfaffen, seht an leien,
     wie daz allez vert.
  5 Groz ist sin gewalt.
     Ine weiz obe er zouber künne;
     swar er vert in siner wünne,
     dan ist niemen alt.

2   Uns wil schiere wol gelingen: L. 51, 21 (C 176; A „Lutolt
     wir suln sin gemeit,   von Seven" 43)
     Tanzen, lachen unde singen
     ane dörperheit!
  5 We wer waere unfro?

     L. hat hier zwei Lieder zu je drei Strophen angesetzt; dagegen Bartsch,
Germania 6, 204 u. Kraus, Unters. 180 ff.
     1, 7 in siner C, L.-Kr.: dur sine A, Wa., Br.;

  Sit die vogele also schone
  singent in ir besten done,
  tuon wir ouch also.

3 Wol dir, meie, wie du scheidest   L. 51, 29 (C 177; A „Lutolt
 allez ane haz!   v. Seven" 45, M fol. 61 v.)
 Wie du walt und ouwe kleidest
 und die heide baz!
 5 Diu hat varwe me.
 „Du bist kurzer, ich bin langer",
 also stritents uf dem anger,
 bluomen unde kle.

4 Roter munt, wie du dich swachest,   L. 51, 37 (C 178, M fol. 68 r.)
 la din lachen sin!
 Scham dich, daz du mich an lachest   L. 52, 1
 nach dem schaden min!
 5 Ist daz wol getan?
 Owe so verlorner stunde,
 sol von minneclichem munde
 solch unminne ergan.

5 Daz mich, frowe, an fröiden irret,   L. 52, 7 (C 179. s 41⁵)
 daz ist iuwer lip.
 An iu einer ez mir wirret,
 ungenaedic wip!
 5 Wa nemt ir den muot?
 Ir sit doch genaden riche:
 tuot ir mir ungnaedecliche,
 so sit ir niht guot.

  2, 6 vogele L.: vogellin AC, Wa;   7 Schallent mit ir A, Wa.
  3, 1 So wol dir M;   3 Wie wol du die boume (bluomen C) CM, L., Wa.;
7 stritens A;
  4, 3 Scheme dich swenne du so lachest M;   4 diu M;   5 Dest niht
wol getan M;   6 Owi M;   7 minnechlichen M.
  5, 1 Was s;   2 Das dut werelich ure lyb s;   3 eyner s: iemer C; mich s;
4 Vil ongenedich s;   6 Ja sit ir doch s;   7 Dut ir ongenendeliche s;
8 sint C; ir dan nicht guot s.

6   Scheidet, frowe, mich von sorgen,   L. 52, 15 (C 180. A „Lutolt
    liebet mir die zit!   v. Seven" 46)
    Oder ich muoz an fröiden borgen:
    daz ir saelic sit!
  5 Muget ir umbe sehen?
    Sich fröit al diu welt gemeine:
    möhte mir von iu ein kleine
    fröidelin geschehen!

43. Gegen die Sorgen

1   Wil ab iemen wesen fro,   L. 42, 31 (B 53. C 141. E 38. U^x 24)
    daz wir in den sorgen iemer niht enleben?
    We wie tuont die jungen so
    die von fröiden solten in den lüften sweben?
  5 Ichn weiz anders weme ichz wizen sol,
    wan den richen wize ichz und den jungen.
    die sint unbetwungen:
    des stat in truren übel und stüende in fröide wol.

2   Wie fro Saelde kleiden kan,   L. 43, 1 (B 55. C 143. E 39. U^x 25)
    daz si mir git kumber unde hohen muot!
    So gits einem richen man
    ungemüete: owe waz sol dem selben guot?
  5 Min frou Saelde, wie si sich vergaz,
    daz si mir sin guot ze minem muote

6,2 daz zit A, Wa.;   3 muoz vroide A, Wa.;   6 Ir vroit al die A;
7 Möhte mir ein vil kleine C.
43. In der Strophenfolge und der liedhaften Zusammenfassung folgen alle
Neuausgaben dem Vorschlag Wackernagels (gegen Lachmann, der Str. 3. 4
als erstes, 1. 2 als zweites Lied betrachtete).
1,2 So Wi., Kr.: wir iemer in BC, L., Wa.; niene U; iht Wa.; Daz wir
in disen sorgen iht immer leben E;   3 Uwe wie tuont die iungen lüte also E;
4 fröiden in den lüften solten C;   5 anders E: anders niht U: fehlt in BC;
ichz BCU: iz E; sol: mag B;   8 Des BEU: Und C; stet E: steit U; unde
stunt in U; frauden E.
2. 1 fro C: vro B: die EU;   4 Ungemuot U; uwe E: o we daz U; den
selben BC;   5 Min frou (vrowe B) BC: Frouwe EU; sich U, Wi., Kr., Br.: min
BC; L., Wa.; wie ir üch vergat E;   6 Das ir E; sin EU: niht BC; sinem E.

3   Swer verholne sorge trage,   L. 42, 15 (B 52. C 140. E 41. U˟ 27)
    der gedenke an guotiu wip, er wirt erlost;
    Und gedenke an liehte tage:
    die gedanke waren ie min bester trost.
  5 Gegen den vinstern tagen han ich not
    wan daz ich mich rihte nach der heide,
    die sich schamt vor leide:
    so si den walt siht gruonen, so wirts iemer rot.

4   Frowe, als ich gedenke an dich, L. 42, 23 (B 54. C 142. E 40. U˟ 26)
    waz din reiner lip erwelter tugende pfliget:
    So la stan! du rüerest mich
    mitten an daz herze, da diu liebe liget.
  5 Liep und lieber des enmein ich niht,
    ez ist aller liebest, daz ich meine.
    du bist mir alleine
    vor al der welte, frowe, swaz joch mir geschiht.

44. Winter

1   Uns hat der winter geschat über al: L. 39, 1 (B 40. C 126. E 195)
    heide unde walt sint beide nu val,
    da manic stimme vil suoze inne hal.

2, 7 Niene BCE, Pf., Kr.: nien L., Wa.; Niht beschert E; si vil g. B, C, L., Wa.: fehlt in E: si guote Pf., Kr.: diu vil guote U: diu guote Br.;   8 stunt U;
   3, 1 sorge BC: swere EU;   2 schoene w. E; der wirt B;   4 Die gedaenke B; gedanken ware U;   5 In den EU; lide E; so lid U;   7 schemet EU; vor leide alle Hss.: ir leide Wa.;   8 wirts U: wirt si (sie C) BC: wirt sis E.
   4, 3 sten EU;   4 in E; An min h. en midden da U; daz diu E;   5 Liep unde lieber des BCU: Unliebe der E; en fehlt in BC;   6 Du bist mir aller BC; L. läßt *mir* stehen, setzt es aber in Klammern; daz ich do meine E; 7 mir fehlt in B;   8 Vor al der welte BC: Vor alleme liebe U: Aller liebest E; swaz ioch U, Wi., Kr., Br.: swaz ouch E: swas so C, L.: liep swas B, Wa.
   44. Drei Zusatzstrophen s. im Anhang I, S. 144!
   1, 1 geschadet BCE, L.: geschat Mi., Kr.;   2 die hant beide ungeval E; 3 vil suosse (suose B) inne hal BC: inne vil suezze erschal E;

    Saehe ich die megde an der straze den bal
5 werfen: so kaeme uns der vogele schal.

2   Möhte ich verslafen des winters zit!   L. 39, 6 (B 41. C 127. E 194)
    wache ich die wile, so han ich sin nit,
    daz sin gewalt ist so breit und so wit.
    Weiz got er lat ouch dem meien den strit:
5 so lise ich bluomen da rife nu lit.

45. Klage

1   Nu sing ich als ich e sanc: L. 117, 29 (A „Niune" 39)
    „wil abe iemen wesen fro?
    daz die richen haben undanc,
    und die jungen haben also!"
5 Wist ich waz in würre (möhten si mirz gerne sagen)
    ich hülf in ir schaden klagen.

2   Wer gesach ie bezzer jar,   L. 118, 12 (C 414 [437]. E 98)
    wer gesach ie schoener wip?
    daz entroestet niht ein har
    einen unsaeligen lip.
5 Wizzet, swem der anegenget an dem morgen fruo,
    deme get ungelücke zuo.

3   Ich wil einer helfen klagen,   L. 118, 18 (C 416 [439]. E 100.
    der ouch fröude zaeme wol,   U^{xx} 2)

1, 4 strazzen E;   5 kummet E;
2, 2 sinen nit E;   3 so lanc und E;   4 ouch C; doch B: fehlt in E; den meien C;   5 nu fehlt in B; da nu der riffe lit E;
45. L., Wa., W.-M., P. fassen Str. 1. 4. 5 und Str. 2. 3 je als ein Lied; Br. nimmt Str. 1–3 und Str. 4/5 zu je einem Lied zusammen. Kr. (Unters. 425 f.) hat die Einheit des Tons nachgewiesen. – Die Langzeile 5 hat L. nur in seinem zweistrophischen Lied, Br. in seinem dreistrophischen, Wa. und P. in beiden Liedern angenommen. Kr. übernimmt sie.
1, 5 daz mohten si mir g. s. A, Wa., L.: möhten si mir daz gesagen Br.: möhten si mirz g. s. Kr.;   6 So hulf ich ir sch. kl. A, Wa., Br.: So hulf ich in ir sch. k. L.: ich hulf in ir sch. k. Kr.
2, 3 niht entar E;   5 swenne E. – L. faßt Str. 2 als Frauenstrophe.

     dazs in also valschen tagen
     schoene tugent verliesen sol.
   5 Hie vor waer ein lant gefröut umb ein so schoene wip:
     waz sol der nu schoener lip?

4   Swa so liep bi liebe lit   L. 117, 36 (C 415 [438]). E 99.
     gar vor allen sorgen fri,   A „Niune" 40. U^{xx} 1)
     ich wil daz des winters zit
     den zwein wol erteilet si.   L. 118, 1
   5 Winter unde sumer der zweier eren ist so vil,
     daz ich beide loben wil.

5   Hat der winter kurzen tac,   L. 118, 5 (C 415 [438]). E 99. A
     so hat er die langen naht,   „Niune" 41. U^{xx} 1)
     daz sich liep bi liebe mac
     wol erholn daz e da vaht.
   5 Waz han ich gesprochen? we, ja het ich baz geswigen,
     sol ich iemer so geligen.

46. Liebesseligkeit

1   Ich bin nu so rehte fro,   L. 118, 24 (C 417 [440]). E 110. F 5)
     daz ich vil schiere wunder tuon beginne.
     Lihte ez sich gefüeget so,
     daz ich erwirbe miner frouwen minne.
   5 Seht, so stigent mir die sinne
     wol hoher danne der sunnenschin: genade, ein küniginne!

3, 3 Dazs C: Daz E, Wa.: Daz si U;   4 ir tugend Wa.;   5 Hic vor U: Hic bevor CE; gevrout U: gefröiwet CE, L.: gefrörit Wa., Kr.
   4, 1 U *setzt mit* lit *ein*;   2 Gar an alle sorge vri CE;   3 Merket ob des CEU; dú sumer zit A; diu winter zit L., Wa.;   4 gesezzet CE; 5/6 fehlt in CEU;   5 Sumer unde wint A: Sumer unde winter L., Wa., Br.: Winter unde sumer Kr.
   5, 1–4 fehlt in CEU;   4 erhohi A;   5 gesprochen CEU: geredet A; owe A, Wa., Br.; we da solt ich han geswigen CEU.
   46. Die meisten Herausgeber trennen Str. 3 ab; Kr. läßt sie an der 5. Stelle stehen.
   1, 1 nu fehlt in C;   2 vil schiere CE: so swere F; tuón C: thu F: nu E; 3 Lihte ez F, Wa., Kr.: Swenne ez CE, L.;   5 Seht in L.s Anm., Wa. Kr.: fehlt in CEF;   6 Wol erg. Wa., Kr.: fehlt CEF, L.; die synne schon gnad kunigynne F.

2   Ich ensach die schoenen nie   L. 118, 30 (C 418 [441]. E 111. F 6)
so dicke, daz ich daz gen ir verbaere,
mirne spilten dougen ie:
der kalte winter was mir gar unmaere.
5 Ander liute duhte er swaere:
mir was die wile als ich enmitten in dem meien waere.

3   „Hoera Walther, wiez mir stat,   L. 119, 11 (C 421 [444]. E 114)
min trutgeselle von der Vogelweide.
Helfe suoche ich unde rat:
diu vil wol getane tuot mir vil ze leide.
5 Kunden wir gesingen beide,
deich mit ir müeste brechen bluomen an der liehten heide."

4   Disen wünneclichen sanc   L. 118, 36 (C 419 [442]. E 112. F 7)
han ich gesungen miner frouwen zeren.
Des sol si mir wizzen danc: L. 119, 1
durch sie so wil ich iemer fröide meren.
5 Wol mac si min herze seren:
waz danne, ob si mir leide tuot? si mac ez wol verkeren.

5   Daz enkunde nieman mir   L. 119, 5 (C 420 [443]. E 113. F 8)
geraten daz ich schiede von dem wane.
Kert ich minen muot von ir,
wa funde ich denne ein also wol getane
5 diu so waere valsches ane?
sist schoener unde baz gelobet denn Elene und Dijane.

2, 1 die guoten CE, L.; nie fehlt in F: hie L.;   2 dicke nye daz F, L.: dicke daz CE, Wa., Kr.; ich daz CE, Kr.: ich desye F: ich des iht L., Wa.; gen ir erg. Kr.: fehlt CEF, L. Wa.;   3 Mirne L.-Kr., Wa.: Mir en F: Mirn C, E; dú ougen CEF; ie CE: zu ir ye F;   4 gar CE: ye F; unmere F: ze swere CE;   5 so swere F: guot CE;   6 Mir was rechte als es vor mitten in F; mitten E.
3, 6 mit ir E: mit dir C; gruenen E.
4, 1–3 fehlen in F;   2 miner lieben frowen C: miner hertzen lieben frauwen E;   4 so Wa., Kr.: Durch sie so wil ich meine freude F: Wan ich wil iemer durch sie fröide (frauden E) CE, L.;   5 sie im herge F;   6 mir leide F: dú beidú CE; sie mag es (Wa., Kr. ez) F, Wa., Kr.: das kan si CE, L.
5, 1 Dazn könde E: Das nun kunde F: Der zuo enkunde C;   1/2 geraten mir F;   2 schayde F;   4 Wann funde ich denn eine so wol getane F: Wa funde ich (ich denne E) ein so schoene (schoen E) wip CE;   5 so E: also F; fehlt in C;   6 so Pf., Kr., Br.: schoene und paz gethan dann F: schoene und b. gelobet denn (denne L.) L. Wa.; helena oder dyana F.

47. Enttäuschung

1 Müeste ich noch geleben daz ich die rosen   L. 112, 3 (C 381 [397])
   mit der minneclichen solde lesen,
   so wold ich mich so mit ir erkosen
   daz wir iemer friunde müesten wesen.
  5 Wurde mir ein kus noch zeiner stunde
   von ir roten munde,
   so waer ich an fröiden wol genesen.

2 Waz sol lieplich sprechen, waz sol singen,   L. 112, 10 (C 382 [398])
   waz sol wibes schoene, waz sol guot,
   sit man nieman siht nach fröiden ringen,
   sit man übel ane forhte tuot?
  5 Sit man triuwe, milte, zuht und ere
   wil verpflegen so sere,
   so verzaget an fröiden manges muot.

48. Frühlingslied

1 Der rife tet den kleinen vogelen we,   L. 114, 23 (C 395. E 6.
   daz si niht ensungen. U^x 12)
   Nu hoere ichs aber wünneclich als e,
   nust diu heide entsprungen.
  5 Da sach ich bluomen striten wider den kle,
   weder ir lenger waere.
   Miner frowen seit ich disiu maere.

2 Uns hat der winter kalt und ander not   L. 114, 30 (C 396. E 7.
   vil getan ze leide. U^x 13)
   Ich wande daz ich iemer bluomen rot
   gesaehe an grüener heide.

47. Wa., Wi. u. a. trennen die beiden Strophen.
48. 1, 1 vogelen L.: vogellin C: vogelin E: vogelinen U;   2 si niene sungen U, Br.;   3 hor ichs U: hoert es C: hoert irs (*darüber* vel is) E: hort ichs L., Wa.: hoere ichs Kr.; ader U; wünne(n)clichen EU;   4 Nu ist CEU;   5 den gruenen kle CE: den grüenen kle L.: den kle Wa., ehe U^x bekannt war; 7 seit CE, L.-Kr.: send U, W.-M., Br.;
2, 4 Saehe Wa.; an CE, L.-Kr., Wa.: in U, Br.;

    5 Joch schadet ez guoten liuten, waere ich tot,
      die nach fröiden ringen
      und die gerne tanzen unde singen.

3   Versumde ich disen wünneclichen tac,   L. 114, 37 (C 397. E 8.
    so waer ich verwazen.   U^x 14)
    Und waere mir ein angeslicher slac: L. 115, 1
    dennoch müeze ich lazen
    5 Al min fröide der ich wilent pflac.
      got gesegen iuch alle,
      wünschet noch daz mir ein heil gevalle!

    2, 5 Joch C: Jo E: Ja U, Br.; schat es CE, L.-Kr.: schadet U, Br.: schadet ez W.-M.;   6 wrouden U; rinden U: rungen CE, L.-Kr.: ringen W.-M., Br.;   7 tanzen CU, W.-M., Br.: tanzten E, Wa., L.-Kr.; singen U, Br.: sprungen CE, L., Wa.: sungen Kr.: springen W.-M. (zu den Tempora vgl. Kraus, Unters. 412 f.).

    3, 1 Versümde E;   3 were mir U, Kr., Br.: were an miner fröide CE: waere an fröide L., Wa.; angeslicher slac C, L.-Kr.: engeslicher tac E: eweslicher slac U: eweclicher slac Br.;   4 Dennoch CE, Wa., Kr.: Dan noch U: Da nach L.: Dannoch Br.; mueze C: muest E: must U: müese L.-Kr.; ichs C;   5 Alle CE: An U: al Wa., Kr.: Alle L.; pflac fehlt in U;   7 ouch U, Br.

III. Lieder aus der Zeit des Preisliedes
(der ersten Rückkehr nach Wien
und der erneuten Auseinandersetzung mit Reinmar)
1203–1205

Reinmars „*Preislied*" (Kraus Nr. 16)

1   Waz ich nu niuwer maere sage   M. F. 165, 10 (A 34. B 32. C 56. E 306)
desn darf mich nieman fragen: ich enbin niht fro.
die friunt verdriuzet miner klage:
des man ze vil gehoret, dem ist allem so.
5 Nu han ich es beidiu schaden unde spot.
waz mir doch leides unverdienet, daz erkenne got,
und ane schult geschiht!
ichn gelige herzeliebe bi, son hat an miner fröide nieman niht.

2   Die hohgemuoten zihent mich,   M. F. 165, 19 (A 36. B 33. C 57. E 307)
ich minne niht so sere als ich gebare ein wip.
si liegent unde unerent sich:
si was mir ie gelicher maze so der lip.
5 Nie getroste si dar under mir den muot.
der ungenaden muoz ich, und des si mir noch getuot,
erbeiten als ich mac.
mir ist eteswenne wol gewesen: gewinne ab ich nu niemer guoten tac?

3   So wol dir, wip, wie reine ein nam!   M. F. 165, 28 (A 35. B 34. C 58,
wie sanfte er doch zerkennen und ze nennen ist!   E 308)
ez wart nie niht so lobesam,
swa duz an rehte güete kerest, so du bist.
5 Din lop nieman wol mit rede volenden kan.
swes du mit triuwen pfligest, wol im, derst ein saelic man
und mac vil gerne leben.
du gist al der werlde hohen muot: wan maht och mir ein lützel fröiden
[geben?

4   Zwei dinc han ich mir für geleit,   M. F. 165, 37 (A 37. B 35. C 59.
diu stritent mit gedanken in dem herzen min: E 309)
ob ich ir hohen werdekeit
mit minem willen wolte lazen minre sin,   M. F. 166, 1
5 Ode ob ich daz welle daz si groezer si
und si vil saelic wip ste min und aller manne vri.

diu tuont mir beidiu we:
ich enwirde ir lasters niemer fro; vergat si mich, daz klage ich iemer me.

5 Ob ich nu tuon und han getan   M. F. 166, 7 (E 310)
daz ich von rehte in ir hulden solte in,
und si vor aller werlde han,
waz mac ich des, vergizzet si dar under min?
5 Swer nu giht daz ich ze spotte künne klagen,
der laze im mine rede beide singen unde sagen
. . . .
unde merke wa ich ie spraeche ein wort ezn laege e i'z gespraeche her-
[zen bi.]

49. Preislied

1 Ir sult sprechen willekomen,   L. 56, 14 (A 57. C 196. E 101.
der iu maere bringet, daz bin ich.   L 54ᶜ. Uˣˣ 7)
allez daz ir habt vernomen,
daz ist gar ein wint: nu fraget mich!
5 Ich wil aber miete:
wirt min lon iht guot,
ich gesage iu lihte daz iu sanfte tuot.
seht waz man mir eren biete.

2 Ich wil tiuschen frowen sagen   L. 56, 22 (A 58. C 197. E 102.
solhiu maere daz si deste baz   Uˣˣ 8)
al der werlte suln behagen:
ane groze miete tuon ich daz.
5 Waz wold ich ze lone?
si sint mir ze her,
so bin ich gefüege und bite si nihtes mer,
wan daz si mich grüezen schone.

1, 1 sült alle E; [Ir su]lt U (die zahlreichen Löcher in U werden im folgenden nicht angegeben, vgl. W.-M. II⁴ 497 ff.);   2 iu LU: uch A: ü nüwe E: fehlt in C;   4 Dest A: Dast C; ist allez ein E; wint in fr. L; 5 aber AELU: fehlt in C;   6 Und wirt C; ze ihte E, U (nach Kr.s Beurteilung der Lücke);   7 gesage Kr.: gesach U: sage ACEL und L.; iu lihte Kr.: iu vil lihte L.: ü ELU: vil A: fehlt in C;   8 fehlt in L; mir gebe zuo miete E.
2, 3 Aller werlde E; behage E;   5 W. wolde ich AU: W. wirt mir E: Ze richeme lone C;   6 Sint si C; Sit sie mir sint ze her E;   7 unde enbite sie E.

3   Ich han lande vil gesehen   L. 56, 30 (A 59. C 199. E 105)
    unde nam der besten gerne war.
    übel müeze mir geschehen,
    kunde ich ie min herze bringen dar
  5 daz im wol gevallen
    wolde fremeder site.
    nu waz hülfe mich, ob ich unrehte strite?
    tiuschiu zuht gat vor in allen.

4   Von der Elbe unz an den Rin   L. 56, 38 (A 60. C 200. E 103.
    und der wider unz an Ungerlant   U^{xx} 9)
    mugen wol die besten sin,   L. 57, 1
    die ich in der werlte han erkant.
  5 Kan ich rehte schouwen
    guot gelaz unt lip,
    sem mir got, so swüere ich wol daz hie diu wip
    bezzer sint danne ander frouwen.

5   Tiusche man sint wol gezogen,   L. 57, 7 (A 61. C 198. E 104.
    rehte als engel sint diu wip getan.   U^{xx} 10)
    swer si schildet, derst betrogen,
    ich enkan sin anders niht verstan.
  5 Tugent und reine minne,
    swer die suochen wil,
    der sol komen in unser lant, da ist wünne vil.
    lange müeze ich leben dar inne!

3, 2 beste A;   4 Kúnde A, Könde E; min hertze ie E; bringe A;   5/6 im wolte wol g. f. s. AC: Daz mir gevallen. Wölte tobende site E;   7 Nu E: fehlt in AC: vil rehte A;   8 gefellet mir vor in E.
4, 1 biz an E; in U weggeschnitten;   2 so L.-Kr.: Und wider CU: Her wider A: Wider her E; unz an U: biz an E: unz in C: uns an der A; engellant E;   3 So C: Sü E: Da A: (weggeschnitten in U:) str. Wa., Kr.: So mugen L.;   4 Daz ich A; bekant C;   5 Kundich U; rehte fehlt in C; Kente ich rehter frauwen E;   6 Guete E; gelésse und den C.   7 So mir got U: Somer got E; fehlt in A; hie AEU: da C;   8 Schoener EU; ander A: anderswa die C: dort die E (und „nach den resten U" Kr.).
5, 1/2 stehen in E als 3/4; statt dessen steht als 1 in EU: [We]lischez (Falsches E) volk ist gar (hier endet U^{xx}) betrogen EU; als v. 2 in E: Sie enkünnen eren niht began;   2 rehte fehlt in C;   3/4 nicht in E; schiltet derst gar A;   5 Fraude und E;   8 muoze ich wonen E.

6   Der ich vil gedienet han   L. 57, 15 (C 201)
    und ie mere gerne dienen wil,
    diust von mir vil unerlan,
    iedoch tuot si leides mir so vil.
  5 Si kan mir verseren
    herze und den muot.
    nu vergebez ir got dazs an mir missetuot!
    her nach mac si sichs bekeren.

50. Vergessener Dank

1   Ich gesprach nie wol von guoten wiben,   L. 100, 3 (C 101)
    was mir leit, ich wurde fro.
    sende sorge konde ich nie vertriben
    minneclicher danne also.
  5 Wol mich, daz ich in hohen muot
    mit minem lobe gemachen kan und mir daz sanfte tuot!

2   Ouwe wolte ein saelic wip alleine,   L. 100, 10 (C 102)
    so getrurte ich niemer tac.
    der ich diene, und hilfet mich vil kleine
    swaz ich sie geloben mac.
  5 Daz ist ir liep und tuot ir wol.
    ab si vergizzet iemer min, so man mir danken sol.

3   Frömdiu wip diu dankent mir vil schone,   L. 100, 17 (C 103)
    daz si iemer saelic sin!
    daz ist wider miner frowen lone
    mir ein kleinez denkelin.
  5 Si habe den willen den si habe!
    min wille ist guot, und klage diu werc, get mir an den iht abe.

6, 2 iemer C: iemer mere L.-Kr.: und ouch iemer gerne Br.;   4 iedoch tuot si Br.: ied. so t. s. C, L.-Kr.;   5/6 so L.: Si kan seren mir Daz h. C; Diese Strophe trennen L., Wa., W.-M., Kuhn, Neumann, Br. ab, doch vgl. Br. Beitr. 63 (1939) 368!
    50. Wa., Pf. schreiben die Langzeile 6; L.-Kr., W.-M., Br. zerlegen sie in zwei Zeilen. Die Caesur Wackernagels scheint mir nicht berechtigt.
    1, 1 nie C, Wa., Kr.: ie L. nach Bodmer;   5 hohem C;
    2, 1 Ouwe Pf., P.: Owe C, L.-Kr.;   6 ab L.-Kr.: aber C;
    3, 2 Daz si iemer selig müessen sin C: Daß iemer s. m. s. L. Kr.: Daz si saelic müezen sin Wa., Br.

51. Zwiegespräch II
(Eifersucht)

1 Genade, frowe! tuo also bescheidenliche: L. 70, 22 (A 14. C 246)
   la mich dir einer iemer leben!
   obe ich daz breche, daz ich von dir furder striche!
   wan einez soltu mir vergeben.
5 Daz mahtu mir ze kurzewile erlouben gerne,
   die wile unz ich din beiten sol.
   ich nenne ez niht, ich meine jenz, du weist ez wol.
   ich sage dir wes ich angest han: da fürht ich daz ichz wider lerne.

2 „Gewinne ich iemer liep, daz wil ich haben eine: L. 70, 31
   min friunt der minnet andriu wip.   (A 15. C 247)
   an allen guoten dingen han ich wol gemeine,
   wan da man teilet friundes lip.
5 So ich in under wilen gerne bi mir saehe,
   sost er von mir anderswa.
   sit er da gerne si, so si ouch iemer da!
   ez tuot so manegem wibe we, daz mir da von niht wol geschaehe."

3 Si saelic wip, si zürnet wider mich ze sere,   L. 71, 1
   daz ich mich friunde an manige stat.   (A 16. C 248)
   sin gehiez mich nie geleben nach ir lere,
   swie jamerlich ich sis gebat.
5 Waz hilfet mich daz ich si minne vor in allen,
   swiget s(i) iemer als ich klage.
   wil si dan daz ich andern wiben widersage,
   so laze ir mine rede nu ein wenic baz danne e gevallen.

51. L.-Kr., W.-M., Br. teilen die Langzeile v. 8 in zwei Zeilen.
1, 1 tuo erg. L.: fehlt AC (vgl. dazu Paul, Beitr. 2, 553; Kr. Unters. 277);
3 so Kr.: von dir fehlt AC: Obe ab (aber Wa.) ich d. br. d. ich fürder str. L.,
Wa.: Ob ich daz iemer br. d. ich furder str. P.;   5 kurzer (kúrzer A) wile
AC;   7 ich meine ienz fehlt in C;   8 daz ich ez lerne A.
2, 1 Gewunne C;   2 ander A;   7 iemer erg. Kr.: fehlt in AC: also erg.
W.-M. mit Wa. vor *gerne:* Sit aber er (*ohne* iemer) L.; Br. folgt AC;
3, 2 mich erg. Wa., Kr.: L. *ohne* mich: fehlt AC;   3 so L.: Si enhiez A:
Si gehies C; mich fehlt in A;   4 so L.: ich ez si ez gebat A: ich si es bat C;
6 Si swiget AC, L.-Kr.;   7 si daz A, L.-Kr.: si danne das C; ander A;
wiben fehlt in A;   8 nu erg. Kr.: L. läßt Lücke zwischen *rede* und *ein*:
fehlt in AC; danne e fehlt in AC, erg. L.

4 „Ich wil dir jehen daz du min dicke sere baete, L. 71, 10
und nam ich des vil kleine war. (A 17. C 249)
do wisse ich wol dazt allenthalben also taete,
da von wart ich dir fremede gar.
5 Der min ze friunde ger, wil er mich ouch gewinnen,
dér laze alle unstaetekeit.
gemeine liep daz dunket mich gemeinez leit.
nu sage an, weizt du anders iht? da von tar ich dich niht geminnen."

52. Staete

1 Staet ist angest unde not, L. 96, 29 (C 87)
in weiz niht obs ere si;
si git michel ungemach.
Sit daz liebe mir gebot
5 daz ich staete waere bi,
waz mir leides sit geschach!
Lat mich ledic, liebe min fro Staete.
wan ob ich sis iemer baete,
so ist si staeter vil dann ich.
10 ich muoz von miner staete sin verlorn, die *liebe* en underwinde ir sich.

2 Wer sol dem des wizzen danc, L. 97, 1 (C 88)
dem von staete liep geschiht,
nimt der staete gerne war?
Dem an staete nie gelanc,
5 ob man den in staete siht,
seht, des staete ist luter gar.
Also habe ich staete her gerungen,
noch enist mir niht gelungen.

4, 1 min A: mich C;   2 vil fehlt in A;   3 wirt A; dazt L.-Kr.: daz du AC;   4 dir so fr. AC, L.: L. Anm. u. Kr. str. *so;*   5 ouch erg. Kr.: fehlt AC, L.;   6 alle selch A: alle solhe C: alselhe L.-Kr.;   8 Du sage an A: Nu sage C, L.-Kr.: Nu sage an Br.; tar L.-Kr.: getar AC, Br.
52. L.-Kr., W.-M., Br. zerlegen die letzte Zeile in zwei Zeilen (nach der fünften Hebung); Wa. schreibt Langzeile mit Caesur an der gleichen Stelle.
1, 1 Stete ist ein angest uñ ein not C, dem L.-Kr., Wa. u. a. folgen; 2 obs Wa: ob si C, L.-Kr.;   4 dú liebe C: diu liebe L.-Kr., Wa. u. a.;
2, 8 Nochn ist C, L.-Kr.: Noch enist Wa.; mir leider niht C, L.-Kr.: leider str. Wa.

      daz wende, saelic frowe min,
10 daz ich der valschen ungetriuwen spot von miner staete iht müeze
                                                                                                                                [sin.

3 Hét ich niht míner fröiden teil   L. 97, 12 (C 89)
    an dich, herzeliep, geleit,
    so möht es wol werden rat.
    Sit min fröide und al min heil,
 5 dar zuo al min werdekeit,
    niht wan an dir einer stat:
    Solt ich dan min herze von dir scheiden,
    so müest ich mir selben leiden.
    daz waere mir niht guot getan.
10 doch solt du des gedenken, saelic wip, daz ich nu lange kumber han.

4 Frowe, ich weiz wol dinen muot: L. 97, 23 (C 90)
    daz du gerne staete bist,
    daz hab ich befunden wol.
    Ja hat dich vil wol behuot
 5 der vil reine wibes list
    der guot wip behüeten sol.
    Sus fröit mich din saelde und ouch din ere,
    unde enhan niht fröide mere:
    nu sprich, bin ich dar an gewert?
10 du solt mich, frowe, des geniezen lan, daz ich so rehte han gegert.

53. Herzeliebe

1 Daz ich dich so selten grüeze,   L. 70, 1 (C 244 [C¹] und 401
    frowe deist an alle mine missetat.   [= C²]. E 42. Uˣ 28)

    8, 4 Sit nu min C, dem L.-Kr., W.-M., Br. folgen: nu str. Wa.;   5 al erg.
L., fehlt in C;   6 einer L.: eine C;   10 du des Wa: des fehlt in C, dem
L.-Kr., W.-M. folgen: Jedoch solt du g. Br.;
    4, 6 guotiu C, L.-Kr.: guot Wa.;   7 Alsus C, L.-Kr.: Sus Wa., Br.;
10 frowe fehlt in C, erg. L.
    53. L.-Kr., W.-M. zerlegen die letzte Zeile in zwei Zeilen (Einschnitte nach:
minne (!), lazen, sprichet).
    1, 1 so fehlt in C²;   2 Frowe fehlt in C¹; deist Wa., Kr.: das ist CEUL.;
gar ane alle missetat U; allen argen missetat C¹;

Ich wil daz wol zürnen müeze
liep mit liebe, swa'z von friundes herzen gat.
5 Niene trure du, wis fro!
sanfte zürnen, sere süenen, deis der minne reht, diu herzeliebe wil
[also.

2   In gesach nie tage slichen   L. 70, 8 (C 402. E 43. U^x 29)
so die mine tuont. ich warte in allez nach.
Wesse ich war si wolten strichen!
mich nimt iemer wunder wes in si so gach.
5 Si mugen von mir komen zuo deme
der ir niht so schone pfligt als ich: so lazen denne schinen, ob sie
[wizzen weme.

3   Du solt eine rede vermiden,   L. 70, 15 (C¹ 245. C² 403.
frowe, daz gezimt den dinen güeten wol.   E 44. U^x 30)
Spraechestuz, ich woldez niden,
daz die argen sprechent, da man lonen sol:
5 „Het er saelde, ich taete im guot."
er ist selbe unsaelic, der daz gerne sprichet unde niemer diu geliche
[tuot.

1, 3 wol daz C¹;   4 swa ez C²E, Wa; swas C¹U; gat: gar U;   5 Nine trure U: Niene tr. P., Kr.: Nit entrure C²E: Truren unde wesen fro C¹, L., Wa.;   6 Senfte C²E; dirnen C²; deis U: das C¹: das ist C²E; minnen C²EU; reht C¹U: zeichen C²E.
2, 1 Ich C; so slichen U;   2 allez U, Wa.: alles CE, L.;   3 West ich E; wa U;   5 von mir U: fehlt in CE; zuo deme komen CE;   6 schone ne pflit U; als ich U: fehlt in CE; lazen L.-Kr.: la sie CEU; wizzen EU: wissen C.
3, 2 Frowe daz gezimet den (fehlt in E) dinen gueten (guten U, fehlt in C²) wol C² EU, denen sich P. u. Kr. anschließen: Frowe des getruwe ich dinen zühten wol C¹, dem sich L., Wa. anschlossen;   3 Spreches dus (durch E) C²E: Tetest dus C¹ (dem L. u. Wa. folgten): Sprechestuz U: Spraechestuz P., Kr.; niden C¹U: miden C²E;   4 Daz die boesen C²EU, P, Kr.: Als die argen C¹, L., Wa., Br. Beitr. 63, 376; da C¹, so C²EU;   6 der daz C²EU, Kr.: swer daz C¹, L. Wa.; gerne fehlt in C¹; unde (fehlt in U) niemer die (der C²E) geliche C²EU: noch der werke niht en C¹.

54. Was ist Minne?

1   Saget mir ieman, waz ist minne?   L. 69, 1 (A 13. C 241. E 157.
    weiz ich des ein teil, so wist ichs gerne me.   F 45. s 29³ „Heren
    Der sich baz denn ich versinne,   Walters zanch")
    der berihte mich durch waz si tuot so we.
  5 Minne ist minne, tuot si wol.
    tuot si we, so enheizet si niht rehte minne, sus enweiz ich wie si
                                              [danne heizen sol.

2   Obe ich rehte raten künne   L. 69, 8 (A 12. C 242. E 158.
    waz diu minne si, so sprechet denne ja.   F. 46. O 13)
    Minne ist zweier herzen wünne,
    teilent si geliche, sost diu minne da.
  5 Sol ab ungeteilet sin,
    so enkans ein herze alleine niht enthalten: ouwe woldest du mir
                                              helfen, frouwe min!

3   Frowe, ich trage ein teil ze swaere,   L. 69, 15 (A 10. C 243. E 159.
    wellest du mir helfen, so hilf an der zit.   F 47. O 14)
    Si abe ich dir gar unmaere,
    daz sprich endeliche, so laz ich den strit,

---

54. L.-Kr., W.-M., Br. zerlegen die letzte Zeile der Strophen (vor der 7. Hebung).

Wa. ordnet die Strophen in der Folge 3. 4. 1. 2; eine unechte Strophe (= L. 190, 1–7) s. im Anhang I S. 144!

1, 1 ist: ich F;   2 Weiz ich des (es F) ein teil EF: Wyst ichs ein deil s: fehlt in AC; so wist ichs s: so west ich es F: so wist ich AC: ich westez E; gerne ouch dar umbe me C;   3 Swer sich rehte nu versinne AC; vermerinnee s;   4 Der fehlt in s; bescheide E: rehte C; durch w. s. tuo (tut F s) EF s: wie tuot si AC; so fehlt in C;   5 die thut so wol F;   6 Und thut so wee und so F; en fehlt in EF; heizze ich sie nit E; si fehlt in s: rehte fehlt in CE; minne: – ne A; Soz enweiz ich A: Sus in weys ich net s: Susz weisz nicht F; danne fehlt in E s.

2, 1 bitten kunde A;   2 diu fehlt in E; so fehlt in A; denne EF: fehlt in ACO;   3 In jr ist F; twier O;   4 Taylet F; si ACO: sie die E: die F; 5 Sols E: Sol sie FO;   6 en fehlt in EF; enkan si alleine ein A; ein fehlt E; nicht belten F; owe fehlt in FO; truwe min A.

3, 1 frage F; ich eine eine trage A: ich eine tr. C: ich tr. EFO;   2 Woltest FO; helf O; so hilf mir (mir *am Rande*) est an d. z. E: so hilf est an d. z. Br.;   3 gar fehlt in E;   4 So sprich E; endichliche O; ich dir den F;

5 Unde wirde ein ledic man.
du solt aber einez rehte wizzen, daz dich lützel ieman baz danne
[ich geloben kan.

4 Kan min frouwe süeze siuren?   L. 69, 22 (A 11. C 240. E 161.
waenet si daz ich ir liep gebe umbe leit?   F 49. O 16)
Sol ich si dar umbe tiuren
daz siz wider kere an mine unwerdekeit?
5 So kund ich unrehte spehen.
we waz sprich ich orenloser ougen ane? den diu minne blendet,
[wie mac der gesehen?

55. Macht der Minne

1 Ich freudehelfeloser man,   L. 54, 37 (A 18. C 202. E 152.
war umbe mach ich manegen fro,   F 18)
der mir es niht gedanken kan?   L. 55,1
owe, wie tuont die friunde so?
5 Ja friunt! waz ich von friunden sage!
het ich dekeinen, der vernaeme ouch mine klage.
nu enhan ich friunt, nu enhan ich rat.
nu tuo mir swie du wellest, minneclichiu Minne,
sit nieman min genade hat.

2 Fro Saelde teilet umbe mich   L. 55, 35 (A 22. B 83. C 194.
und keret mir den rügge zuo.   E 156. F 19)

3, 5 wirt A: wirde CE: pin von dir FO; selic E;   6 Du maht E; eines 2 × A; einer E; rehte *steht in* C *vor* lützel; L. folgt C; frowe daz Kr., Br.; danne ich AC: fehlt EFO, denen Kr., Br. folgen.
4, 1 feüren F; suezzen E;   2 Wenet CFO: Wanez A: Wil E; ie fehlt AC; liep gebe AO: lob geb F: gebe lieb CE;   3 Solt O; gruezzen E;   4 si ez AC: sie EF: se sich O; wider fehlt in FO; gar an AC; an mich F; werdecheit AE;   5 kan E; sprechen F;   6 Awe was rede ich orloser (erloser F) und augen ane FO: We waz sprche ich wenne E; swen (wen F) minne blendet FO: swenne die m. bl. E; geschehen E; wer mag das gerechen F.
1, 1 Ich frewe dich hilffe loser man F; -lorser A;   2 mac ich A: fehlt in C;   3 ez AC: doch E: hoch F; gehelfen E;   4 tuont die lüte also E: thut die freud also F;   5 waz ich: das F; von frúnde C; Jo frauwe ich mich der fründe min E;   6 Het ich der eine vernym F; ouch fehlt in EF;   7 Nu han ich hilfe nu han ich rat E: Nun hilffe ich enkan ich rat F;   rat. des. nu tuo A;   8 swaz du E: was du F; Minne: mynne freunde freundes freunde F;   9 min: nue F; hat fehlt in F.
2, 1 Vro selde AC: Dú saelde BE: fehlt in F; mich B, dem Jellinek u. Kr. folgen: mich hat F: sich mich E: sich AC, denen L., Wa., W.-M. folgen;   2 Si C; im F; rugge C: rücke E: rucke F: ruggen AB;

```
       wan kan si doch erbarmen sich?
       nu ratet, friunt, waz ich es tuo.
     5 Si stet ungerne gegen mir.
       louf ich hin umbe, ich bin doch iemer hinder ir,         L. 56,1
       sin ruochet mich niht an gesehen.
       ich wolte daz ir ougen an ir nacke stüenden:
       so müest ez ân ir danc geschehen.

3      Vil minneclichiu Minne, ich han    L. 55, 8 (A 19. C 192. E 153.
       von dir verloren minen sin.                                F 24)
       du wilt gewalteclichen gan
       in minem herzen uz und in.
     5 Wie mac ich ane sin genesen?
       du wonest an siner stat, da'r inne solte wesen.
       du sendest in du weist wol war.
       dan mac er leider niht erwerben, frowe Minne.
       owe, du soltest selbe dar.

4      Genade, frowe Minne, ich wil    L. 55, 17 (A 20. C 193. E 154)
       dir umbe dise boteschaft
       noch füegen dines willen vil:
       wis wider mich nu tugenthaft!
```

2, 3 so Jellinek, Kr.: Wen mag si doch F: Da enkan si niht BC, Wa., Br.: Nu enwil si niht A: Du kanst auch niht E: Ja enkan si niht L.; sich BCF, Jell., Kr., Br.: dich E: mich A, Wa.: ich L., W.-M.;   4 so B, Jellinek, Kr., Br. (des statt es): In weiz waz ich dar umbe tuo CEF, L.: Waz welt ir daz ich des nu tuo A, Wa.;   5 gen B: uf gen E;   6 Auff ich F: Gen ich C; hin fúr C; ich fehlt in F;   7 Sine ruochet C: Si geruochet B: Si wil A; Wie mac si mich denne an E: Wenn mag si mich doch an F; ane sehen BC; 8 ouge BC; an dem F; naekel BC; stuende BCF;   9 so müeste sie es an iren danck jehen F.

3, 1 Vil fehlt in F;   2 Durch dich F; Verlorn von dir A (dem Wa. folgt); 4 Jnne meinem F;   5 mac E, Kr.: mocht F: sol C, L.: kunde A, Wa., Br.; 6 an siner stat AF: ander stat E: iemer C; dar A: da er C, Wa.: do sie E: al do er F; soltu A;   7 Und sendest EF; wo F;   8 Dan mac er L.-Kr.: Da enmac er Wa.: Da (Daz A) mac er AC: Du en maht ir E: Du nun mag ich F; leider fehlt in E; leider nicht erwerben Pa., Kr., Br.: l. niht. erwerben AF: l. alterseine niht erwerben C: niht erwerben eine E: leider eine erwerben niht L., Wa.; fro minne A: frauwe m. E: frawe meine F: fehlt in C;   9 owe C: ich wene E: fehlt in AF; ir soltent A; selber CF; dar: jo F.

4, 1 Vil minnekliche minne C; wil: vuege E;   2 Dir fehlt in E;   3 Noch fuegen C; Gevuogen A: Gefüegen Wa., Br.: fehlt in E;   4 nu AC: so E; túgenthafter A;

5 Ir herze ist rehter fröiden vol,
　　　mit luterlicher reinekeit gezieret wol.
　　　erdringest du da dine stat,
　　　so la mich in, daz wir si mit einander sprechen:
　　　mir missegie, do ichs eine bat.

5　　Genaedeclichiu Minne, la:　　　　　L. 55, 26 (A 21. C 191. E 155.
　　　war umbe tuost du mir so we?　　　　　　　　　　　　　　　　F 25)
　　　du twingest hie, nu twing ouch da,
　　　und sich wa sie dir widerste.
　　5 Nu wil ich schowen ob du iht tügest.
　　　dun darft niht jehen daz du in ir herze'n mügest.
　　　ezn wart nie sloz so manicvalt,
　　　daz ez vor dir gestüende, diebe meisterinne:
　　　tuon uf! sist wider dich ze balt.

6　　Wer gap dir, Minne, den gewalt,　　　L. 56, 5 (A 23. C 195)
　　　daz du doch so gewaltic bist?
　　　du twingest beide junc und alt,
　　　da für kan nieman keinen list.
　　5 Nu lob ich got, sit diniu bant
　　　mich sulen twingen, deich so rehte han erkant
　　　wa dienest werdeclichen lit.

4, 5 Din lib ist reiner C; froiden A: tugende C: guete E;　　6 lúterlicher A; luter E; getúret C;　　7 Erdringest du da A: Gedingestu da E: Gebringest dus an C;　　8 si fehlt in E; sprechen A: gesprechen CE;　　9 ichs C: ich ez A: ich E.
5, 1 Gnedeclichiu A: Gnade riche E: Vil minneklichú C: Mynnigliche F; Minne la fehlt in F;　　2 Owe wes tuost A;　　3 Nu twingest och da A (alles andere fehlt); nu twinge C: und twinge E: und zwingest F; ouch da: ouch du F;　　4 Und sich wa ez (was F) dir AF: Versuoche wer dir CE, L., Wa.; Und sich wa sie dir Jellinek, Kr., Br.;　　5 Nu AC: Da E: So F; wil ich AE: la C: mag man F; sehen A, Br.: iht C: noch A, Br.: fehlt in EF; 6 Dun E: Du AC: Nue dar du F; endarf A; iehen AC: sagen E: sprechen F; herzen muogest A: herze múgest C: heitze niht enmügest E: hertzen nye nicht mugest F;　　7 Ez AC; menecvalt A;　　8 ez erg. Wa., Kr.: Daz vor dir g. du liebe m. C: Daz eh dir wider stuende diep aller m. A; Du diebe m. daz vor dir bestuende E: Das vor dir je bestunde *(nur das!)* F: Daz eht dir widerstüende, d. m. Br.;　　9 tuon A: Rüne E: Slús C: fehlt in F: Lûch? Kr.; Auf die es wieder zupalt F.
6, 2 doch fehlt in A; du also Br.;　　3 junge C;　　4 dekeinen A;

da von enkume ich niemer, gnade, ein küniginne!
la mich ir leben mine zit!

56. Verlorene Zeit

1 Min frouwe ist ein ungenaedic wip,   L. 52, 23 (C 181. E 45. U^x 31)
dazs an mir als harte missetuot.
Ja braht ich doch einen jungen lip
in ir dienest, dar zuo hohen muot.
5 Owe do was mir so wol.
wiest daz nu verdorben!
waz han ich erworben?
anders niht wan kumber den ich dol.

2 Owe miner wünneclichen tage,   L. 53, 1 (C 183. E 46. O 32.
waz ich der an ir versumet han!   U^x 32)
Daz ist iemer mines herzen klage,
sol diu liebe an mir alsus zergan.
5 Lide ich not und arebeit,
die klage ich vil kleine.
mine zit aleine,
hab ich die verlorn, daz ist mir leid.

3 In gesach nie houbet baz gezogen,   L. 52, 31 (C 182. E 47. O 33)
in ir herze kunde ich niht gesehen.

6, 8 von enkume Wa., Kr.: vone kume C, L.: von kum A, Br.; ein küniginne Kr.: küniginne Wa.: frowe k. AC, Br.: frou k. L.;   9 ir leben Kr.: dir l. AC, Wa., Br.: der l. L.
56. L.-Kr. folgen der Strophenordnung von C; Wa., W.-M., P., Br. der von E (wie es hier geschieht); zwei unechte Strophen (= L. 177, 1–16) im Anhang I, S. 145!
1, 1 unselic E;   2 Daz sie wider mich als übel (ubele U) tuot EU, W.-M., Br.;   3 Nu C, L.-Kr., Wa.: Ja U, Br.: Jo E; brahte ich jungen lip E; 4 und dar zuo C, L., Wa.: dar zuo Kr.: und vil U, Br.: und E;   6 fehlt in U;   8 Anders nie wen den kumber U.
2 O setzt in Zeile 2 mit *versumet* ein; von U^x ist Zeile 1–5 erhalten.
1 wunneclichen EU: wunneclicher C, L.;   2 versümet E;   4 Süln die lieben iar (tage E) also zergan EOU, W.-M., Br.;   5 Manig sorge (Manige swere O) und erbeit EOU, denen sich W.-M., P., Br. anschließen.   6 clage E: klagete C: klag[.] O.
3, 1 Ene O: Ich C;   2 ne kunde O: enkunde Br.; niht EO, Wa., W.-M., Br.: nie C, L.-Kr.;

  Ie dar under bin ich gar betrogen:
  daz ist an den triuwen mir geschehen.
5 Möhte ich ir die sternen gar,
  manen unde sunnen
  zeigene han gewunnen,
  daz waer ir, so ich iemer wol gevar.

4 In gesach nie sus getane site,   L. 53, 9 (C 184)
  dazs ir besten friunden waere gram.
  Swer ir vient ist, dem wil si mite
  runen: daz guot ende nie genam.
 5 Ich weiz wol wiez ende ergat.
  vint und friunt gemeine,
  der gestets aleine,
  so si mich und jen unrehte hat.

5 Miner frouwen darf niht wesen leit   L. 53, 17 (C 185)
  daz ich rite und frage in frömediu lant
  von den wiben die mit werdekeit
  lebent: der ist vil mengiu mir erkant,
 5 Und die schoene sint da zuo.
  doch ist ir deheine,
  weder groz noch kleine,
  der versagen mir iemer we getuo.

57. Die Zauberin

1 Mich nimt iemer wunder waz ein wip L.115,30 (C 404. E 67. O 36)
  an mir habe ersehen,
  dazs ir zouber leit an minen lip:
  waz ist ir geschehen?

3, 3 Wen (Wenne E) daz weiz ich wol bin ich betrogen EO; 4 in den EO; 7 Tzo eygen haben O; 8 immer so ich E: so muoze ich ymmer O.
4, 1 Ich C, L.-Kr.: In W.-M., Br.; 8 gen C.
1, 1 Mir O; 2 ir *über* ges(ehen) O; 3 u. 6 das C: daz E: daz sie O: dazs L.-Kr.;

DIE ZAUBERIN

   5 Ja hat si doch ougen:
   wie kumt dazs als ubele siht?
   ich bin aller manne schoenest niht,
   daz ist ane lougen.

2 Habe ir ieman iht von mir gelogen, L. 116, 1 (C 405. E 68. O 37)
  so besehe mich baz.
  Sist an miner schoene gar betrogen,
  sin welle anders waz.
  5 Wie stat mir daz houbet!
  dazn ist niht ze wol getan.
  sie betriuget lihte ein tumber wan,
  ob siz niene geloubet.

3 Da si wont, da wonent wol tusent man L. 116, 9 (C 406. E 69. O 38,
  die vil schoener sint.   nur Zeile 1)
  Wan daz ich ein lützel fuoge kan,
  sost min schoene ein wint.
  5 Fuoge han ich kleine:
  doch ist si genaeme wol,
  so daz si vil guoten liuten sol
  iemer sin gemeine.

4 Wil si fuoge für die schoene nemen, L. 116, 17 (C 407. E 70. O 38,
  sost si wol gemuot.   außer Zeile 1)
  Kan si daz, so muoz ir wol gezemen
  swaz si mir getuot.

  1, 5 So O, Kr.: Si hat ouch ougen CE: Si hat ouch ir ougen L., Wa.: Si hat doch ouch o. P.; 6 ubel gesiht C: übele geschiht E: übel gesiht L.; 7 schoneste O.
  2, 1 Hat ir ieman von mir icht g. O; 2 besehe O: beschouwe CE: beschou Kr.; 3 an mir schoene O; 4 Sie ne welle anders w[. .] O: Si wil anders niht wan CE: wil si niht wan daz Benecke, Kr., Br.: Si wil anders niht (ohne daz!) L.: si wil anders waz Wa. (ohne Kenntnis von O!); 5 Wan wie L., Wa.; mir daz h. O, Br.: mir min h. CE, L.-Kr.: mirz Wa.; 6 Dazn ist L.-Kr.: Daz enist CE: Daz ist O; 7 liht einen tumber wanne E; 8 ses [n]ene ge loubet O: siz niht CE, Kr., Br.
  3, 1 si wonent do E; sint wol O; 3 zuoge C; 4 gar ein CE; 6 genaeme wol L.-Kr.: gemeine (ohne wol) CE; 7 so Simrock, Kr.: vil liuten CE, L.: Unde also daz si vil liuten Wa.;
  4, 2 wol O, L.-Kr., Wa.: vil wol CE; 3 Tuot si O;

  5 So wil ich mich neigen,
  und tuon allez daz si wil.
  waz bedarf si denne zoubers vil?
  wan deich bin ir eigen.

5 Lat iu sagen wiez umbe ir zouber stat, L. 116, 25 (C 408. E 71. O 39)
 des si wunder treit.
 Sist ein wip diu schoene und ere hat,
 da bi liep und leit.
 5 Dazs ist anders künne,
 des sol man sich gar bewegen
 wan daz ir vil minneclichez pflegen
 machet sorge und wünne.

58. Vor Gericht

1 Ich han ir so wol gesprochen L. 40, 19 (A 38. B 46. C 132.
 daz si maneger in der welte lobet.   E 28)
 Hat si daz an mir gerochen,
 owe danne, so han ich getobet:
 5 Daz ich die getiuret han
 und mit lobe gekroenet,
 diu mich wider hoenet.
 frowe Minne, daz si iu getan.

2 Frowe Minne, ich klage iu mere: L. 40, 27 (A 39. B 47. C 133.
 rihtet mir und rihtet über mich.   E 29)
 Der ie streit umb iuwer ere
 wider unstaete liute, daz was ich.

  4, 6 tuon fehlt in C; 8 Wen daz ich bin ir O: Wan deich bin ir Br.: Ich bin doch ir CE, L.-Kr., Wa.
  5, 1 úch C; wiez: weiz O; 6 so O, Kr.: Das sol man gar verheln CE: Daz sol man gar übergeben L., Wa.: Daz sol man ir gar vergeben Br.; 7 vil fehlt in O; Wan daz ir wunnecliches leben CE: W. d. mir ir w. l. L.: W. d. ir vil w. l. Wa., Br. 8 wunne das ist ir leben CE.
  58. Eine unechte Strophe (L. 168, 1–8) s. Anhang I, S. 145!
  1, 5 die: sie E; 7 hin wider E; 8 Vro B: Frou C; ú C: uch AB: dir E.
  2, 1 ú C: uch ABE;

     5 In den dingen bin ich wunt,
       ir hat mich geschozzen
       und gat si genozzen.
       ir ist sanfte, ich bin ab ungesunt.

3   Frowe, lat mich des geniezen,   L. 40, 35 (A 40. B 48. C 134.
     ich weiz wol, ir habet strale me.   E 30)
     Muget irs in ir herze schiezen,
     daz ir werde mir geliche we?
     5 Muget ir, edeliu künegin,   L. 41, 1
     iuwer wunden teilen
     oder die mine heilen?
     sol ich eine alsus verdorben sin?

4   Ich bin iuwer, frowe Minne,   L. 41, 5 (A 41. C 378 [394].
     schiezent dar, da man iu widerste!   E 32. U^x 18)
     Helfet daz ich sie gewinne:
     neina frowe, daz sis iht enge!
     5 Lat mich iu daz ende sagen:
     und engets uns beiden.
     wir zwei sin gescheiden.
     wer solt iu danne iemer iht geklagen?

59. Klage

1   Ane liep so manic leit,   L. 90, 15 (C 60)
     wer möhte daz erliden iemer me?
     Waer ez niht unhövescheit,
     so wolt ich schrien 'se, gelücke, se!'

2, 6 hat AE: habent B: habet C;   **7** gat si A: get sis hin E: si gat BC; ungenozzen E;   **8** Ir sit senfte E; ich bin aber AB: und ich aber C: und bin ich E: und ich ab L: ich bin ab Wa., Kr., Br.

3, 1 lat mich des A: lat sis niht E: ir sulent (sult C) mich lan BC;   **2** Ich weiz wol AE: Das ich wais BC; habt noch A, Wa., Br.; straln E;   **3** Ir sült sie E; in ir AE: an das BC;   **5** Mugen ir B: Ir sulent A, dem sich Wa. und Br. anschließen;   **6** Uns die wunden E; heilen Wa.;   **7** minnen teilen A, dem sich Wa. anschließt;   **8** Solde ich eine alsus verschaphen sin A, dem sich Wa., Br. anschließen.

4, 2 Owe (We U) wor ümme tuot ir mir so we EU;   **3** sie AE: si U: sig C;   **4** Neinen A; daz (dazs U) uns niht enge EU;   **5** üch E.

1, 2 We wer C;

    5 Gelücke daz enhoeret niht
      und selten ieman gerne siht,
      swer triuwe hat.
      istz also, wie sol min danne ie werden rat?

2   We wie jamerlich gewin   L. 90, 23 (C 61. G 1)
      vor minen ougen tegelichen vert!
      Daz ich sus ertoret bin
      an miner zuht, und mir daz nieman wert!
    5 Mit den getriuwen alten siten
      ist man zer welte nu versniten.
      er unde guot
      hat nu lützel ieman wan der übel tuot.

3   Daz die man als übel tuont,   L. 90, 31 (C 62. G 2)
      dast gar der wibe schult: daz ist also.
      Do ir muot uf ere stuont,
      do was diu welt uf ir genade fro.
    5 Hei wie wol man in do sprach,
      do man die fuoge an in gesach.
      nu siht man wol,
      daz man minne mit unfuoge erwerben sol.

4   Lat mich zuo den frowen gan,   L. 91, 1 (C 63. G 3)
      so ist daz selp min allermeiste klage:
      So (i)ch ie mere zühte han,
      so ich ie minre werdekeit bejage.
    5 Si swachent wol gezogenen lip.

1, 8 Ist es C; min danne imer C, Br.: min iemer L.-Kr., Wa.;
2, 2 so Wa. (tegeliche), Kr.; *mit* taegeleichen vert *setzt* G *ein*; tegelich vor minin ougen C, L.;   3 Deich Wa.; sust G: sus Kr.: so gar C, L., Wa.; 4 An G, Kr., Br.: Mit C, L., Wa.;   6 so Wa., Kr., Br.: zu der werld nu G: nu ze der welte C: nu zer welte L.;   7 ere G;   8 nu fehlt in G; nu vil lützel Wa.;
3, 2 Daz ist gar G; daz ist also G, Kr.: dest leider so C, L., Wa., Br.;
3 Hie vor do C, L.: Da G: Do Wa., Kr., Br.   4 Da G; gnade G;   6 sach G; 8 ir minne (hulde G) CG, L.-Kr., Wa., Br.; mit ungefueg G.
4, 1 frowen C: vreuden G;   2 So ist daz min aller meiste C, L.-Kr., Br.: Daz selb ist mein maiste G;   4 Sô Wa., Kr.: So L.; minner G;   5 gezogen G;

ezn si ein wol bescheiden wip,
der meine ich niht:
schamt sich diu, swa iemer wibes scham geschiht.

5 Reiniu wip und guote man,   L. 91, 9 (C 64)
swaz der nu lebe, die müezen saelic sin.
Swaz ich den gedienen kan,
daz tuon ich noch, daz si gedenken min.
5 Hie mit so künd ich in daz:
diu werlt enste dan schiere baz,
so wil ich leben
so ich beste mac und minen sanc uf geben.

    Reinmar Nr. 24 (Kraus): „*Stirbet si, so bin ich tot*"

1 Wol im daz er ie wart geborn,   M. F. 158, 1 (A 15. B 21. C 31. E 305)
dem disiu zit genaedeclichen hine gat
an aller slahte senden zorn,
und doch ein teil dar under sines willen hat.
5 Wie deme nahet manec wünneclicher tac!
wie lützel er mir, saelic man, gelouben mac!
wan ich nach fröide bin verdaht,
und kan doch niemer werden fro.
Mich hat ein liep in truren braht.
10 deist unwendic, nu si also.

2 Daz ich min leit so lange klage,   M. F. 158, 11 (A 16. C 32. E 302)
des spottent die den ir gemüete hohe stat.
waz ist in liep daz ich in sage?
waz sprichet der von fröiden, der dekeine hat?
5 Wil ich liegen, sost mir wunders vil geschehen:
so trüge ab ich mich ane not, solt ich des jehen.
wan lant si mich erwerben daz
dar nach ich ie mit triuwen ranc?
zem iemen danne ein lachen baz,
10 daz gelte ein ouge, und haber doch danc.

4, 6–8 Ist si ein wol gemachet weip, We daz siz tunt wi sint si so gedigen. An den diu ere stunt G.
5, 2 der lebe C, L.-Kr., Br.: nu erg. Wa.;   4 ich daz C, L.-Kr., Br.: noch erg. Wa.;   5 mite C, L.-Kr., Wa., Br.;   8 ich aller beste Wa.

3 Ich wil von ir niht ledic sin,   M. F. 158, 21 (A 17. B 22. C 33. E 304)
die wile ich iemer gernden muot zer werlte han.
daz beste gelt der fröiden min
daz lit an ir, und aller miner saelden wan.
5 Swenne ich daz verliuse, so enhan ich niht
und ruoche ouch für den selben tac waz mir geschiht.
ich muoz wol sorgen umbe ir leben:
stirbet si, so bin ich tot.
hat si mir anders niht gegeben,
10 so erkenne ich doch wol sende not.

4 Genade ist endeliche da: M. F. 158, 31 (A 18. B 23. C 34. E 303)
diu 'rzeige sich als ez an minem heile si.
dien suoche ich niender anderswa:
von ir gebote wil ich niemer werden fri.
5 Daz si da sprechent von verlorner arebeit,
sol daz der miner einiu sin, daz ist mir leit.
ichn wande niht, do ichs began,
in gesaehe an ir noch lieben tac:
ist mir da misselungen an,
10 doch gab ichz wol als ez da lac.

60. Drohung

1 Lange swigen des hat ich gedaht,   L. 72, 31 (A 111. C 255. E 83.
nu wil ich singen aber als e.   b 85. xy 30)
Dar zuo hant mich guote liute braht,
die mugen mir wol gebieten me.
5 Ich sol singen unde sagen,
und swes si gern, daz sol ich tuon: so soln si minen kumber klagen.

1, 1 Langes b: Ein langesz y: Eins schweigens x; des hat ich AC: het ich
mir bx: hete ich E: habe ich y; erdacht x: bedacht y;   2 So xy; muoz
Abx, L., Wa., W.-M., Br.: wil CEy, Kr.; aber singen xy: als fehlt in x;
3 schoene vrowen 6: die frawen x: die schoenen Frawen y;   4 Sú möhten
mir b; wol AEy: noch C: fehlt in bx; helffen y; der Abgesang von xy ist
der von Strophe 5.   5 Ich sol in C: Ich wil E; Swas ich singe oder in
gesagen b;   6 Unde swaz si gerne sehen daz wil ich tuon. so süln aber
sie den minen kumber clagen E: Jedoch so bitte ichs allesament gemaine.
das sú den minen kumber clagen b.

2   Hoeret wunder, wie mir ist geschehen   L. 72, 37 (A 112. C 256. E 84.
     von mines selbes arebeit.   b 86)
     Mich enwil ein wip niht an gesehen,   L. 73,1
     die braht ich in die werdekeit,
5   daz ir muot so hohe stat.
     jon weiz si niht, wenn ich min singen laze, daz ir lop zergat.

3   Herre, waz si flüeche liden sol,   L. 73, 5 (A 113. C 257. E 87)
     swenn ich nu laze minen sanc!
     Alle die nu lobent, daz weiz ich wol,
     die scheltent dann ân minen danc.
5   Tusent herze wurden fro
     von ir genaden: dius engeltent, lat si mich verderben so.

4   Do mich duhte daz si waere guot,   L. 73, 11 (A 114. C 258. E 86)
     wer was ir bezzer do dann ich?
     Dest ein ende: swaz si mir getuot,
     des mac ouch si verwaenen sich:
5   Nimet si mich von dirre not,
     ir leben hat mines lebennes ere: stirb ab ich, so ist si tot.

5   Sol ich in ir dienste werden alt,   L. 73,17 (A 115. C 259. E 85.
     die wile junget si niht vil.   b 87. xy 31 u. 30)

2, 1 Mich nimt wunder b; ist AE: si Cb;   2 Von min ACE, L.-Kr., W.-
M., Br.: An mines b: wan von min Wa.;   3 Ain (Umbe ain b) wip dú wil
mich niht ansehen Cb;   4 an b; die AE: ir Cb;   5 Sit alle ir b; ir der C;
lop E;   6 wanne E; lop A; lop vil gar E; werdekeit C; So enwais ich
wenne ouch mich min singen lat. und als ir hoehsten lop zergat b.
3, 1 Herre A: Ja herre C: Uwe E; si nu C;   3 die AE: die si C; loben A:
lebent E;   4 schelten d:: ne („verblasst" Kr.) ane mine A;   5 Túsent A;
herzen AE; würden E;   6 die des engelten. lazzen sie E; des engeltent si
lihte ich mich A; des si lihte engeltent scheide ich mich C; lat si mich verd.
so Kr.: scheide ich mich von ir also L., Wa., W.-M., Br.
4, 1 So A; des duhte C;   2 Wer was er A;   4 So mac si wol v. AC,
Wa., L.: Des mac ouch si E, Jell., Kr.; verweinen A: verwenen C;   6 Ir
loben A; stirbe aber ich E, dem Jellinek (Beitr. 43, 25) u. Kr. folgen: sterbet
si mich AC, dem L., Wa., W.-M., Br. folgen.
5, 1 Solde ich A; Bin ich in ir d. worden b; Ich was iungk nu pyn ich
alt x; Wasz ich schaff so bin ich alt y;   2 Da bi so b: Da von so y; en
iünget E; Darumb gibt sie umb mich nit vil x;

Sost min har vil lihte also gestalt,
dazs einen jungen danne wil.
5 Selfiu got, her junger man,
so rechet mich und get ir alten hut mit sumerlaten an.

Reinmar Lied 25 (Kraus): „*Begegnung*"

1 Mich hoehet daz mich lange hoehen sol,   M. F. 163, 23 (A 66. b 14.
daz ich nie wip mit rede verlos.   C 49. E 311)
sprach in iemen anders danne wol,
daz was ein schult diech nie verkos.
5 In wart nie man so rehte unmaere
der ir lop gerner horte und dem ie ir genade lieber waere.
doch habent sie den dienest min:
wan al min trost und al min leben daz muoz an eime wibe sin.

2 Wie mac mir iemer iht so liep gesin   M. F. 163, 32 (b 15. C 50. E 312)
dem ich so lange unmaere bin?
lid ich die liebe mit dem willen min,
son han ich niht ze guoten sin.
5 Ist aber daz ichs niht mac erwenden,
so möhte mir ein wip ir rat enbieten unde ir helfe senden
und lieze mich verderben niht.
ich han noch trost, swie kleine er si: swaz geschehen sülle
[daz geschiht.   M. F. 164, 1/2

3 Ich bin der sumerlangen tage so fro   M. F. 165, 1 (B 31. C 55)
daz ich nu hügende worden bin.
ouch stat min herze und min wille also:
ich minne ein wip, da meine ich hin.
5 Diust hohgemuot und ist so schoene
daz ich si da von vor andern wiben ... kroene.
wil aber ich von ir tugenden sagen,
des wirt so vil, swenn ichz bestan, daz ich es iemer muoz gedagen.

5, 3 Liht ist mir (Vil lihte wirt E) min har also gestalt Eb: Das mir der (mein y) part ist (ist so y) graw gestalt xy;   **4** Darumbs ein x; danne AC: fehlt in E: haben xy;   **5** So helfe iu A, L.-Kr.: So helfe C: Nu helf iu b: Helf iu Br.: Selfiu Wa.; So pit ich dich du (ich pit euch darumb x) iunger man xy; her iunge man b;   **6** get die alter E; Gerecht (rich y) mich (Das ir mich rechent b) an der alten brut. und slaht (schlag y) mit (mir x) sumer latten dran (summlarchen an x: deiner lauten an y) bxy.

4 Ich sach si, waere ez al der werlte leit,   M. F. 164, 12 (A 65. b 18. C 53.
  diech doch mit sorgen han gesehen.   E 313)
  wol mich so minneclicher arebeit!
  mirn könde niemer baz geschehen.
  5 Dar nach wart mir vil schiere leide.
  ich schiet von ir daz ich von wibe niemer mit der not gescheide
  noch daz mir nie so we geschach.
  owe do ich danne muoste gan, wie jaemerliche ich umbe sach!

5 Owe ⟨mir⟩ daz ich einer rede vergaz,   M. F. 164, 21 (A 67. b 19. C 54.
  daz tuot mir hiute und iemer we,   E 314)
  do si mir ane huote vor gesaz:
  war umbe redte ich do niht me?
  5 Do was ab ich so fro der stunde
  und der vil kurzen wil daz man der guoten mir ze sehenne gunde,
  daz ich vor liebe niht ensprach.
  ez möhte manegem noch geschehen, der si so saehe als ich si sach.

6 In disen boesen ungetriuwen tagen   M. F. 164, 30 (A 68. b 16. C 51.
  ist min gemach niht guot gewesen.   E 315)
  wan daz ich leit mit zühten kan getragen,
  ichn könde niemer sin genesen.
  5 Taet ich nach leide als ichz erkenne,
  si liezen mich vil schiere, die mich gerne sahen eteswenne
  und mir vil sanfte waren bi.
  nu muoz ich fröide noeten mich dur daz ich bi der werlde si.

7 Der ie die werlt gefröite baz dann ich,   M. F. 164, 3 (b 17. C 52. E 316)
  der müeze mit genaden leben.
  der tuoz ouch noch, wan sin verdriuzet mich.
  mir hat min rede niht wol ergeben.
  5 Ich diende ir ie: mirn londe niemen.
  daz truoc ich also daz min ungebaerde sach vil lützel iemen
  und daz ich nie von ir geschiet.
  si saelic wip enspreche 'sinc', niemere me gesinge ich liet.

IV. Mädchenlieder

(meist nach 1205)

61. Erste Begegnung

1   Wol mich der stunde, daz ich sie erkande,   L. 110, 13 (C 353)
    diu mir den lip und den muot hat betwungen,
    sit deich die sinne so gar an sie wande,
    der si mich hat mit ir güete verdrungen.
    5 Daz ich von ir gescheiden niht enkan:
    daz hat ir schoene und ir güete gemachet
    und ir roter munt, der so lieplichen lachet.

2   Ich han den muot und die sinne gewendet   L. 110, 20 (C 354)
    an die vil reinen, die lieben, die guoten.
    Daz müez uns beiden wol werden volendet,
    swes ich getar an ir hulde gemuoten.

1, 4 Des C, L: Der L.s Anm., Wa., Kr.;   5 so C, L.: gescheiden von ir L.s Anm. und alle Herausgeber.
2, 2 An die reinen C, L.-Kr., W.-M., P.: An die vil r. Wa.: Wan an die r. Simr.: An sie die r. Br.;   3 muos C;   4 hulden C;

5 Swaz ich zer werlde fröiden ie gewan:
daz hat ir schoene und ir güete gemachet
und ir roter munt, der so lieplichen lachet.

62. Schönheit und Liebreiz

1   Herzeliebez frouwelin,   L. 49, 25 (A 121. C 166. E 58. G 4. O 18)
got gebe dir hiute und iemer guot!
Kund ich baz gedenken din,
des hete ich willeclichen muot.
5 Waz mac ich dir sagen me,
wan daz dir nieman holder ist? owe da von ist mir vil we.

2   Sie verwizent mir daz ich   L. 49, 31 (A 122. C 167. E 59. G 5.
so nidere wende minen sanc.   O 20)
Daz si niht versinnent sich
waz liebe si, des haben undanc!
5 Sie getraf diu liebe nie.
die nach dem guote und nach der schoene minnent, we wie minnent die?

3   Bi der schoene ist dicke haz,   F. 50, 1 (A 223. C 169. E 60. G 6.
zer schoene niemen si ze gach.   O 21)
Liebe tuot dem herzen baz,

2, 5 ich fröiden zer werlde ie C, L.: ich ie fröiden zer welde Wa., W.-M., P., Br.: ich noch fröiden zer werlde ie Kr.: ich zer werlde fröiden ie Schade.
62. O setzt erst bei Zeile 4 mit *ich* ein.
1, 1 Herzeliebe frowe mir C: Minnenchleichez vrewelein G;   2 Got der EG; und iemer fehlt in G;   3 fehlt in G; Kunde ich wol gesprechen dir C;   5 mach AG: sol CEO, L.: mac Wa., Kr., Br.; dir CEGO, L.-Kr.: nu A, Wa., Br.; gesagen G;   6 ist owe AGO, Wa., Kr., Br.: ist danne ich C, L.; ist dor ümme ist mir dicke we E; vil A: so GO: fehlt in C;
2, 1 vur wizen mich C: verwazzent mich G: verkerent mir C;   2 So nidere CG: Tzo nidere O: Zuo nider E: Nider A; meinen minne sanch G; 3 Dazs ot nicht G; nene O;   4 minne C; haben sie EO;   5 Sie EO: Si G: Siu A: Die C; *Punkt nach* nie L., Wa.;   6 Die da nach ACEG; minnet owe wie O; der fehlt in G; der sene A;
3 Die Zeilenfolge ist in EO gestört: Z. 4 u. 2 sind vertauscht.
3, 2 Zuo der AG: Zer der C; n. si: sei niem G; Nieman si zuo schoene gach E;   3 Liep A: Hertzeliebe turet baz EO: Ja gevellestu mir baz G;

       der liebe get diu schoene nach.
   5 Liebe machet schoene wip.
       desn mac diu schoene niht getuon, sin machet niemer lieben lip.

4 Ich vertrage als ich vertruoc   L. 50, 7 (A 124. C 168. E 61. G 7.
   und als ich iemer wil vertragen.   O 19)
   Du bist schoene und hast genuoc,
   waz mugen si mir da von gesagen?
   5 Swaz si sagen, ich bin dir holt.
   und nim din glesin vingerlin für einer küneginne golt.

5 Hast du triuwe und staetekeit,   L. 50, 13 (A 125. C 170. E 62. G 8.
   so bin ich din ane angest gar   O 22)
   daz mir iemer herzeleit
   mit dinem willen wider var.
   5 Hast ab du der zweier niht,
   so müezest du min niemer werden. owe danne, ob daz geschiht.

63. Rechte Liebe

1 Bin ich dir unmaere,   L. 50, 19 (B 86. C 171. E 63)
   des enweiz ich niht: ich minne dich.

3, 4 Der liebe get dú (der O) schone AO: Du liebe get der schoene E: Diu schoene get (gat C) der liebe CG;   5 Liep E; schoene CEGO: schoner A; 6 Des AEG, Wa.: Desn L.-Kr.: Des ne O: Des en C; si machet CEG: sie ne m. O: sine gemachet A: sin machet L.-Kr.; niemer CEO: selten G: fehlt in A; lieben fehlt in G.
4, 2 als ich immer wil EGO, Kr., Br.: als ich zeiner wille A: iemer mere wil C: als ichz iemer wil L., Wa.; vertrage A;   4 Waz mugens icht anders von dir sagen G;   5 redent C; Ich bin dir von hertzn holt (ohne swaz s. s.) G;   6 nim A: neme CEO: mine G; din güldin E; vingerin O; kuningynnen O; solt E;   5/6 steht auch in s 41ᵃ: Sart liebe vrouwe min / Swar ich spriche ich bin dir holt / Ich neme din glezin vingerlin / Vor eyner keyserinnen golt.
5, 2 din AO, Wa., Br.: des CG, L: fehlt in E: sin Kr.;   3 iemer ACE: nymmer O: iemen A; hertznlait G;   4 Mit dinen willen O: Von dinen schulden CG;   5 Hastu aber E: Ne hastu aber O: Hast aber du ACG: Hast ab du L.-Kr., Wa.;   6 So A, Wa.: Sone C: Son L.-Kr., Br.; min A, Kr., Br.: mir C, L., Wa.; So (Son G) muostu (muezzest du C: muozes du O) nimmer werden min EGO; danne CE: dan O: des G: fehlt in E, auch Br. läßt es weg.
63. Die Zusatzstrophe E 66 s. im Anhang I, S. 146!
1, 2 en fehlt in B;

Einez ist mir swaere,
du sihst bi mir hin und über mich.
5 Daz solt du vermideu.
ine mac niht erliden
selhe liebe an grozen schaden.
hilf mir tragen, ich bin ze vil geladen.

2   Sol daz sin din huote,   L. 50, 27 (C 172. E 65. s 41²)
    daz din ouge an mich so selten siht?
    Tuost du daz ze guote,
    sone wize ich dir dar umbe niht.
  5 So mit mir daz houbet
    (daz si dir erloubet)
    und sich nider an minen fuoz,
    so du baz enmügest: daz si din gruoz.

3   Swanne ichs alle schouwe,   L. 50, 35 (C 173. s 41¹)
    die mir suln von schulden wol behagen,
    so bist duz min frouwe:
    daz mac ich wol ane rüemen sagen.
  5 Edel unde riche   L. 51, 1
    sint si sumeliche,
    darzuo tragent si hohen muot.
    lihte sint si bezzer, du bist guot.

4   Frowe, des versinne   L. 51, 5 (B 85. C 174. E 64. s 41³)
    dich, ob ich dir zihte maere si.
    Eines friundes minne
    diust niht guot, da ensi ein ander bi.

1, 3 fehlt in E;   4 hin bi mir B;   6 Ich BE; ez nit E;   7 Selke C: Grosse BE: selhe L.;   8 bin ze vil C: han ze vil B: han ein teil zuo sere E.
2, 1 Vrouwe sol das s;   2 so Wa., Mi., Br.: so zelden an mich s: mich so s. C, L.-Kr.: an minz so s. E;   3 mir daz E; mirz Wa., Mi., Br.; Tuost tuot mir tzuo guote s;   4 Des enweiz ich niht E;   5 mit C: mide s: neige E;   7 Und zich mich nider an den voz s;   8 Uff duo nicht bas en machs s; en fehlt in E.
8, 1 Ich dyn byn zwen ichs s;   2 suln fehlt in s;   3 Zo bistuo eyne vrouwe s;   4 mac C: dar s;   8 duo bist aber guot s.
4, 1 des E, P.: dich des s: du C, L.-Kr.: nu B, Wa., Br.;   2 Dich fehlt in s;   4 Dú BC: fehlt in Es; ist niht guot C, L.-Kr.: ist nicht s, Wa.: entouget (entauc E) niht BE; en fehlt in C; anderú B;

5 Minne entouc niht eine,
si sol sin gemeine,
so gemeine daz si ge
dur zwei herze und dur dekeinez me.

64. Halmorakel

1   In einem zwivellichen wan   L. 65, 33 (C 442 [465]. F 21. O 41)
was ich gesezzen und gedahte,
ich wolte von ir dienste gan,
wan daz ein trost mich wider brahte.
5 Trost mag ez rehte niht geheizen, owe des!   L. 66, 1
ez ist vil kume ein kleinez troestelin:
so kleine, swenne ichz iu gesage, ir spottet min,
doch fröut sich lützel ieman, er enwizze wes.

2   Mich hat ein halm gemachet fro: L. 66, 5 (B 102. C¹ 234. C² 443
er giht, ich sül genade vinden.   [466]. F 22. O 42)
Ich maz daz selbe kleine stro,
als ich hie vor gesach von kinden.
5 Nu hoeret unde merket ob siz denne tuo:
„si tuot, si entuot, si tuot, si entuot, si tuot".

4, 5 in tocht s: tougt B;   **6** wesen B, Wa.;   **7** So gemeine B: Is so gemeyne s: fehlt in CE;   **8** zwer h. s; herze und durh de keines me C; herzen (hertze E) und niht me BE: hertz und keynz mee s.
64. Eine weitere Strophe des Tons s. im Anhang I, S. 146!
1, 1 twibel wan O: zweyffel wane F;   **2** und dachte FO;   **3** uz O, Br.: ausz F; ir dieneste O: jrem dinste F; gan fehlt in F;   **5** Trost ne mac ez nicht ge heyzen O: Trost mag mich verhetzen F: Trost mag es nit geh. C: rehte erg. L., Wa.; owe des FO: fehlt in C;   **6** vil küne in ein F; cleinez F: kleyne O: fehlt in C;   **7** ich O; iu (in F) sage FO;
1, 8 sich neman nichtes er ne wizze wes O: sich nymant auch des er nun wisset wes F.
2, 1 haln C²;   **2** Er giht C²: Er iet O: Ich waene BC¹: fehlt in F;   **3** Swie dike ich mas das selbe stro BC¹; kleine C²O: in dem F;   **4** hie vor gesach bi den C²: hie vorn sach von den F: hie vür sach O: gewon was her von BC¹; **5** fehlt in BC¹; Nue F: Nu O: fehlt in C²; tut F;   **6** „In keiner Hs. ganz richtig" L.;

swie dicke ich also maz, so was daz ende ie guot,
daz troestet mich: da hoeret ouch geloube zuo.

3   Swie liep si mir von herzen si,   L. 66, 13 (C 444 [467])
    so mac ich nu doch wol erliden
    daz ir sin ie die besten bi,
    ich darf ir werben da niht niden.
 5 Ichn mac, als ich erkenne, des gelouben niht
    dazs ieman sanfte in zwivel bringen müge.
    mirst liep daz die getrogenen wizzen waz si trüge,
    und alze lanc dazs iemer rüemic man gesiht.

65. Traumliebe

1   „Nemt, frowe, disen kranz",   L. 74, 20 (A 134. C 262. E 51)
    also sprach ich zeiner wol getanen maget.
    „So zieret ir den tanz
    mit den schoenen bluomen, als irs uffe traget.
 5 Het ich vil edele gesteine,
    daz müest uf iur houbet,
    obe ir mirs geloubet:
    seht min triuwe, daz ichz meine."

2, 7 dike ich (ichs FO) also mas C²FO: ich tet BC¹: dicke so ich maz Kr.: dicke ihz tete L.: dicke ich also maz Wa., Br.; so (do B) waz (wart BC¹) ie (in F) daz ende guot alle Hss. und L.: so was daz ende guot Wa.: so was daz ende ie guot Br.: daz ende so ie guot Kr.; 8 fehlt in BC¹; Das trostet mich FO: fehlt in C²; auch und gelaubet so F.
3, 2 ich doch C, L.: ich nu doch Kr.: ich doch vil Wa.; 3 Daz ich ir si zem besten (zem lesten Wa.) bi C, L., P., W.-M., Wa.: Daz ir sin ie die besten bi Br.: Daz ich ie si den besten bi Sievers: Daz man ir si ze dienste bi Kr.; 4 weben C; miden C; 6 Das es C; 7 getogenen C; waz si trüge fehlt in C; 8 das iemer C.
65. Lachmanns Versuch, zwei Lieder zu bilden (in der Ordnung: Str. 1 + 3 und Str. 5 + 2 + 4), war verfehlt. Die Strophenordnung ist umstritten (Wa. folgt A; P., W.-M., Kr. und Br. stellen die beiden letzten Strophen von A um; Kr. vertauscht außerdem A 135 und 136; ich folge Schneiders Einspruch. Petsch (ZfdPh. 56, 231 f.) schlug vor: 1. 4. 5. 2. 3. zu ordnen.
1, 1 Frauwe nement E; 2 getaner C; 4 die ir E; 5 vil edel C: golt und edeles E; 6 muest C: muoz A: müest L.: mües W.: fuer E; uf iuwer A, L.: uf ir CE: uf iur Wa., Kr.; 7 gehoubet A; 8 Set E: Sent AC, Wa.

2   „Ir sit so wol getan,   L. 75, 9 (A 135. C 263. E 52)
    daz ich iu min schapel gerne geben wil,
    so(i)chz aller beste han:
    wizer unde roter bluomen weiz ich vil.
 5 Die stent so verre in jener heide.
    da si schone entspringent
    und die vogele singent,
    da suln wir si brechen beide."

3   Si nam daz ich ir bot   L. 74, 28 (A 136. C 264. E 53)
    einem kinde vil gelich daz ere hat.
    Ir wangen wurden rot,
    same diu rose, da si bi der liljen stat.
 5 Do (e)rschampten sich ir liehten ougen:
    doch neic si vil schone.
    daz wart mir ze lone:
    wirt mirs iht mer, daz trage ich tougen.

4   Mich duhte daz mir nie   L. 75, 17 (A 138. C 373)
    lieber wurde, danne mir ze muote was.
    Die bluomen vielen ie
    von dem boume bi uns nider an daz gras.
 5 Seht do muost ich von fröiden lachen.
    do (i)ch so wünnecliche
    was in troume riche,
    dó taget ez und muos ich wachen.

2, 1 Frowe ir alle Hss: von L. in Klammern gesetzt, von Wa., Kr. gestr.
3 So iz E; Daz aller beste daz ich han AC: Daz beste daz ich han Benecke,
Wa.;   4 Wiz gruene unde roter bluomen vil E;   5 Niht verre an iener
gruenen heide E;   6 schone entsprungen AC: vil schone springent E;
7 Und die cleine (cleinen A) vogele sungen AC: Uud dü vogelin singent E;
8 sulle E: sule Wa.
3, 4 Als die rose so sie E; bi den C;   5 Des AC; schemten E; sich liehtú
ougen A; liehtiu Wa.;   6 Do n. C, L.-Kr.: Doch n. A, Wa., Br.; Doch neic
ich ir vil schone E; si mir vil AC, L.: si mir Wa., Kr., Br.;   8 Wart mir E.
4, 1 nie L: ie AC;   4 den bôimen A, Wa.;   5 müeste C;   8 muoz C:
muoze A;

FRAUENSCHÖNHEIT

5 Mir ist von ir geschehen,   L. 75, 1 (A 137. C 372. E 54)
daz ich disen sumer allen meiden muoz
vast under dougen sehen:
lihte wirt mir einiu, so ist mir sorgen buoz.
5 Waz obe si get an disem tanze?
frowe dur iur güete
rucket uf die hüete:
owe gsaehe ichs under kranze!

66. Frauenschönheit

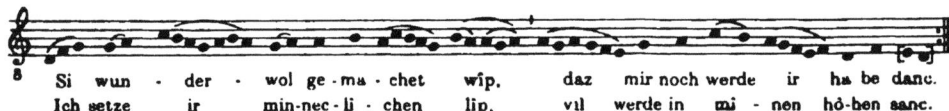

Si wun - der - wol ge - ma - chet wip.   daz mir noch werde ir ha be danc.
Ich setze ir min-nec-li-chen lip.   vil werde in mi - nen ho-hen sanc.

Übertragungsversuch des Melodiefragments im Ms. 127 (fol. 130 r) der Stiftsbibliothek Kremsmünster. Der Versuch, der wegen der nichtdiastematischen Aufzeichnung der Melodie keinen Anspruch auf Richtigkeit erheben kann und will, wurde unternommen, um wenigstens den aus den Gruppenneumen ersichtlichen allgemeinen Melodieverlauf und die Verteilung der Noten über dem Text anzudeuten. Die in eckige Klammern gesetzten, die Stollenmelodie abschließenden Noten fehlen bereits in der Handschrift und wurden hier ergänzt. Der d-Modus wurde aus der angenommenen Lage der Halbtöne bestimmt. – G. B.

1 Sie wunderwol gemachet wip,   L. 53, 25 (A 89. C 186. D 251. N 1)
daz mir noch werde ir habedanc!
ich setze ir minneclichen lip
vil werde in minen hohen sanc.
5 Gern ich in allen dienen sol,
doch han ich mir dise uz erkorn.

5, 2 allen megden disen sumer E; miden A;   3 diu augen AC: augen E;
4 einú C: eine A: einiu Kr., Br.: miniu L., Wa.; Vinde ich neine. so ist mir aller sorgen buoz E;   5 in disem A, Wa.; Owe geschehe ez under crantze E;
6 ür E, Wa., Kr.: uwer AC: iuwer L.;   7 Ir rücket E;   8 ich ez A; Waz ob sie get an disme tanze E.
66. So von Wa. geordnet.
1, 1 Vil wundern wol gemaht D: Vil wnder wol gemachet N;   2 ir ADN: ein C;   4 Vil hohen werde in minen sanc N; werde D: der A: hohe C; minen werden C;   5 In allen ich gerne D; in C fehlt in;   6 Die han ich mir uz erchorn N; mir dise C: mir diz A: eine dise D; habe A;

ein ander weiz die sinen wol,
die lob er ane minen zorn.
hab ime wis unde wort
10 mit mir gemeine: lob ich hie, so lob er dort.

2 Ir houbet ist so wünnenrich,   L. 54, 27 (A 93. C 187. D 252. N 2)
als ez min himel welle sin.
wem solde ez anders sin gelich?
ez hat ouch himeleschen schin.
5 Da liuhtent zwene sternen abe,
da müeze ich mich noch inne ersehen,
daz si mirs also nahen habe!
so mac ein wunder wol geschehen.
ich junge, und tuot si daz,
10 und wirt mir gernden siechen seneder sühte baz.

3 Got hat ir wengel hohen fliz,   L. 53, 35 (A 90. C 189. D 253. N 3)
er streich so tiure varwe dar,
so reine rot, so reine wiz,
hie roeseloht, dort liljenvar.
5 Ob ichz vor sünden tar gesagen,   L. 54, 1
so saehe ichs iemer gerner an
dan himel oder himelwagen.
owe, waz lob ich tumber man?
mach ich si mir ze her,
10 vil lihte wirt mins mundes lop mins herzen ser.

1, 7 anderre D; di sine D;   8 d. lobe ane N; gar ane D;   9/10 Hab er mit mir gemeine. wise, unde wort. lobe D.
2, 1 daz ist so wunnerich (wunnenrich N) DN;   3 solde A: solt D: möhte C: moht N;   4 ouch CN: doch A, Br.: wol D; himelschen D: himelesen N; sin A;   5 liuhten A: liuthent N; sterne abe N: stern ab D;   6 Muest ich mich dar inne ersehen D;   7 mirs also AC: mir di so DN;   8 mohte A: möhte Br.; wol ACN: da D;   9 Ich iungen unde tuot D;   10 So wirt mir DN; senedem siechen gernder sühte baz D.
3, 1 het DN;   4 Hie r. dort AN, Wa., Kr.: Da r. da C, L.: So rosen schin so D;   5 ich A; vor sunden getar ges. N: getar von sunden sagen C;   6 Ich sehe si C: S. s. ich sie N: S. s. ich ez si A;   7 Danne A: Denne D: Danne alle C; himel oder fehlt A; tagen D;   9 Vil lihte mach ich mirz ze her D; mir si C., L.;   10 mundes A: herzen C; So wirt min selbes lop mines seneden herzen ser D: So wirt vil liethe herze lob min herze ser N.

7 Maurer

4   Si hat ein küssen, daz ist rot,   L. 54, 7 (A 91. C 190. D 254. N 4)
    gewünne ich daz für minen munt,
    so stüende ich uf von dirre not
    unt waere ouch iemer me gesunt.
  5 Swa si daz an ir wengel legt,
    da waere ich gerne nahen bi:
    ez smecket, so manz iender regt,
    alsam ez vollez balsmen si.
    daz sol si lihen mir.
 10 swie dicke so siz wider wil, so gibe ichz ir.

5   Ir kel, ir hende, ietweder fuoz,   L. 54, 17 (A 92. C 188. D 255. N 5)
    daz ist ze wunsche wol getan.
    ob ich da enzwischen loben muoz
    so waene ich me beschowet han.
  5 Ich hete ungerne „decke bloz!"
    gerüefet, do ich si nacket sach.
    si sach mich niht, do si mich schoz,
    daz mich noch sticht als ez do stach,
    swann ich der lieben stat
 10 gedenke, da si reine uz einem bade trat.

   4, 1 kússen ACD: chussen N: küssin L.;   2 Unt wúrde mir daz vúr D; daz noch vur N;   3 uf uz d. A, Br.; So were ich vri vor seneder not D;   4 immer mere D;   5 Swa C: So DN; Dem si daz an sin A;   6 Der wonet da gerne A; Wer ich ir danne N; nahen DN: nahe AC;   7 Daz sm. als siz irgen r. D; so siez inder rait N;   8 als es A; Reht als es N; alles balsame A (dem Br. folgt); balsams D.   9 Daz sol diu guote lihen mir D;   10 So dicke A; so si ez (siz D) wider AD: sis (siez N) hin wider CN; lihe ichz N.
   5, 1 Ir chinne ir chel ietweder fwz N; Ir arme D; ir hant iewer f. A; itweder ir vuoz D;   2 Die sint D: Der ist N; zewinsche A;   3 da zwischen DN: da entswischent A;   4 So wenr ich mer weschawet han N; Ich wenne ich nie C; mere gesehen D;   5/7 Si sach min niht do si mich schoz. Wie ser si in min herze prach Ich het ungerne dechet bloz Geschirin da ich si nachent sach N.   5 dicke A;   6 nakent C, fehlt in D;   7 min niht AD; swi si C;   8 Daz stichet noch alse do stach A; do fehlt in C;   9 so C; Ich lobe die reinen stat A: V... seilich si diu stat N: Do wart ich so vro der stunde unt der stat D;   10 So Kr.: Gedenke da si uz (das uz L.) einem reinen bade trat C, L.: Da (Do N) di reine sueze (diu vil minneclich AN) uz einem bade trat ADN.

67. Traumglück

1   Do der sumer komen was,   L. 94, 11 (A 139. C 77. U^x 7)
    und die bluomen dur daz gras
    wünneclichen sprungen,
    alda die vogele sungen,
   5 do kom ich gegangen
    an einen anger langen.
    Da ein luter brunne entspranc:
    vor dem walde was sin ganc,
    da diu nahtegale sanc.

2   Bi dem brunnen stuont ein boum,   L. 94, 20 (A 140. C 78. U^x 8)
    da gesach ich einen troum:
    ich was von der sunnen
    entwichen zuo dem brunnen,
   5 daz diu linde maere
    mir küelen schaten baere.
    Bi dem brunnen ich gesaz,
    miner sorgen ich vergaz,
    schier entslief ich umbe daz.

3   Do beduhte mich zehant   L. 94, 29 (A 141. C 79. U^x 9)
    wie mir dienten elliu lant,
    wie min sele waere
    ze himel ane swaere,

1, 3 Wunneclich entsprungen C: Minnichlichen drungen U;   4 Alda AU: Und C;   5 Dar A, L., Wa.;   6 Uf C: Durch U, Br.;   7 kueler C; spranc U;   8 Dur den anger was C;   9 nahtegal wol sanc C.
2, 1 Uf dem anger st. ein boun C., L.;   2 Da getrounde mir ein troun C (dem L. folgte);   3/4 Ich was von (von der Wa., Kr.) sunnen Untwichen (Entwichen Kr., Gegangen Wa.) zu dem brunnen U, Wa., Kr.: Ich was zuo dem brunnen Gegangen von der sunnen C, L.: Do kom ich von der sunnen Gegangen zuo dem brunnen A;   6 Mir kulen U: Den kuelen A, L.: Mir da C;   7 Do ich da gesessen was C;   8 sorgen U, Mi., Kr.: sorge C: swere A: swaere L., Wa.; ich gar AC, L., Wa.;   9 Vil schiere C; ich fehlt in A.
3, 1 Da A;   2 allú lanc A;   3 Und wie C;

  5 und der lip hie solte
gebaren swie er wolte.
Dane was mir niht ze we:
got gewaldes, swiez erge,
schoener troum enwart nie me.

4 Gerne slief ich iemer da,   L. 94, 38 (A 142. C 80. U˟ 10)
wan ein unsaeligiu kra
diu begonde schrien.   L. 95, 1
daz alle kra gedien
  5 als ich in des günne!
si nam mir michel wünne.
Von ir schrien ich erschrac:
wan daz da niht steines lac,
so waer ez ir suonestac.

5 Ein vil wunderaltez wip   L. 95, 8 (A 143. C 81. U˟ 11)
diu getroste mir den lip:
die begond ich eiden,
nu hat si mir bescheiden
  5 waz der troum bediute,
daz merket, lieben liute!
Zwen und einer daz sint dri:
dannoch seit si mir da bi
daz min dume ein vinger si.

  3, 5 Unt er lip U: und der lip Wa., Kr.; Unt wie A, L.: Und doch C; hie fehlt in ACU: erg. Wa., Kr.; 6 Gebaren AU: Hie leben C; 7 Da C: Done U; mirz niht ze we U, Br.: sanfte und niender we C; mir niht ze we A, Wa., Kr.: mir niender we L. 8 so Wi., Kr.: Got gewaldes wiez U: Got der waldes swiez A, L.: Got bescheide es wie es C; 9 Wan besser troun C.
  4, 1 Gerne wer ich C; 2 ein vil unselig C; 3 erschrien C; 4 kran U; 6 Si nam AU: Si benam mir C; gute wunne U; 7 sch⁸ien AU, Wa.: schrienne C, L.-Kr., Br.; ir erschrac A; 8 da kein stein enlac C; 8 Es wer gewesen ir endes tac C; suontac A, L., Wa.
  5, 1 Ein vil wunder (wundren U) CU, Mi., Kr.: Wan ein wunder A, L., Wa.; 2 Hat getrostet U, Br.; 4 Do begunde si mir bescheiden C; 5 troun C; bediute U: beduhte A: betúte C; 6 Daz merket lieben Wi., Kr.: Daz merken gute (guote Br.) U, Br.: Daz hoeret lieben A, L., Wa.: Das merkent wise C; 7 Zwe U; 8 Dannoc seite A: Dan noch sagt U: Ouch so seite C; 9 ein vinger AU: min v. C.

68. Unter der Linde

1   Under der linden   an der heide,   L. 39, 11 (B 42. C 128)
    da unser zweier bette was,
    Da mugt ir vinden   schone beide
    gebrochen bluomen unde gras.
   5 Vor dem walde in einem tal,
    tandaradei,
    schone sanc die nahtegal.

2   Ich kam gegangen   zuo der ouwe,   L. 39, 20 (B 43. C 129)
    do was min friedel komen e.
    Da wart ich enpfangen,   here frouwe,
    daz ich bin saelic iemer me.
   5 Kust er mich? wol tusentstunt,
    tandaradei,
    seht wie rot mir ist der munt!

3   Do het er g(e)machet   also riche   L. 40, 1 (B 44. C 130)
    von bluomen eine bettestat.
    Des wirt gelachet   innecliche,
    kumt iemen an daz selbe pfat.
   5 Bi den rosen er wol mac,
    tandaradei,
    merken wa mirs houbet lac.

4   Daz er bi mir laege,   wessez iemen   L. 40, 10 (B 45. C 131)
    (nu enwelle got!), so schamt ich mich.
    Wes er mit mir pflaege   niemer niemen
    bevinde daz wan er unde ich,
   5 Und ein kleinez vogellin,
    tandaradei,
    daz mac wol getriuwe sin.

68. Die Hg. haben bisher (entsprechend den Reimpunkten von C) Zeile 1 und 3 in zwei Zeilen zerlegt.

  1, 3 mugent BC, L., Wa.; ir noch B., schone B;   4 Von hier an bis Ende der Strophe 2 eine andere Hand in B.

  2, 1 kan BC;   2 e fehlt in B;   3 herre B;   5 Er kuste mich C; tusenstunt B;   6 Tandaraidai B;

  3, 1 hat C;   3 minnecliche B;   4 stat B;   6 Tandaraidai B;

  4, 1 lege C: da gelaege B; wisse es B;   2 Nun welle C;   4 das C; es ane spot B;   6 Tandaraidai B.

69. Vokalspiel

1 Diu welt was gelf, rot unde bla,   L. 75, 25 (A 147. C 265)
   grüen in dem walde und anderswa.
   Kleine vogele sungen da.
   nu schriet aber diu nebelkra.
 5 Pfligts iht ander varwe? ja,
   sist worden bleich und übergra:
   des rimpfet sich vil manic bra.

2 Ich saz uf eime grüenen le,   L. 75, 32 (A 148. C 266)
   da ensprungen bluomen unde kle
   zwischen mir und eime se:
   der ougenweide ist da niht me.
 5 Da wir schapel brachen e,
   da lit nu rife und ouch der sne:
   das tuot den vogellinen we.

3 Die toren sprechent snia sni,   L. 76, 1 (A 149. C 267)
   die armen liute owe owi.
   Des bin ich swaere alsam ein bli:
   der wintersorge han ich dri.
 5 Swaz der und der andern si,
   der wurde ich alse schiere fri,
   waer uns der sumer nahe bi.

4 E danne ich lange lebt also,   L. 76, 8 (A 150. C 268)
   den krebz wolt ich e ezzen ro.
   Sumer, mache uns aber fro,
   du zierest anger unde lo.
 5 Mit den bluomen spilt ich do,
   min herze swebt in sunnen ho:
   daz jaget der winter in ein stro.

1, 3 Die cleine A: Die cleinen C, L., Br.: Kleine Wa., Kr.; singent C; 5 Phligt si A., L.-Kr.: Hat si C; da. ia A;   6 Si ist bleich worden C;
    2, 3 ienem C;   4 was da me C;   5 schappel A;   6 ouch der fehlt in A;
    3, 2 Und arme lúte owi owi C;   3 Des bin (bra A) ich AC, L., Wa., W.-M., Br.: Ich bin Kr.;   4 Des winters sorge C;   3/4 Interpunktion nach W.-M.;   5 under andern A: und der andern Wa., Kr., Br.: und der ander L.: und ouch der ander C;   6 alse A: aller C.
    4, 1 lebt fehlt in A;   2 E wolde ich essen krebese ro C;   3 aber mache uns aber A;   7 den winter A.

5 Ich bin verlegen als ein su: L. 76, 15 (A 151. C 269)
   min sleht har ist mir worden ru.
   Süezer sumer, wa bist du?
   ja saehe ich gerner veltgebu.
5 E deich lange in selher dru
   beklemmet waere als ich bin nu,
   ich wurde e münch ze Toberlu.

70. Mißstimmung

1 Wer kan nu ze danke singen?   L. 110, 27 (C 374. A „Lutolt von
   dirre ist truric, der ist fro.   Seven" 4)
   Wer kan daz zesamene bringen?
   dirre ist sus und der ist so.
5 Sie verirrent mich
   und versument sich:
   wess ich waz si wolten, daz sung ich.

2 Fröide und sorge erkenne ich beide, L. 110, 34 (C 375. A „Lutolt" 5)
   da von singe ich swaz ich sol.
   Mir ist liebe, mir ist leide,
   summerwünne tuot mir wol.   L. 111, 1
5 Swaz ich leides han,
   daz tuot zwivelwan,
   wiez mir umb die lieben sül ergan.

3 Wol iu kleinen vogellinen!   L. 111, 5 (C 376. A „Lutolt" 6)
   iuwer wünneclicher sanc
   der verschallet gar den minen:
   al diu werlt diu seit iu danc.
5 Also danken ir ...

5, 1 als esua C, Wa., W.-M., Br.;   2 mit str. Br.;   4 gerne C, Wa.;
5 E deich Wa., Kr.: E das ich C, L.: Danne ich A, W.-M., Br.; lange C, L.-Kr., Wa.: langer Br.: lege A;   7 zetobernu A.
  1, 2 Dirre L.-Kr.: Dierr A: Der C;   4 Dirre A: Der C; sus und L.: truric AC; vro A;   5 verierren C; sich A;   6 versument L.-Kr.: versinnent AC, Wa., Br.;   7 Wes ich AC;
  2, 7 Weiz A;
  3, 1 vogellin A.   2 minneklicher C.

V. Lieder der neuen hohen Minne

(von 1205 bis in die zwanziger Jahre)

71. Wer ist schuld?

1   Die herren jehent, man sülz den frowen   L. 44, 35 (B 63. C 151)
wizen daz diu welt so ste.
Si sehent niht froelich uf als e,
si wellent alze nider schouwen.
5 Ich habe ouch die rede gehoeret: L. 45, 1
si sprechent, daz in fröide stoeret.
Si sin me dan halp verzaget
beidiu libes unde guotes,
niemen helfe in hohes muotes.
10 wer sol rihten? hiest geklaget.

2   Min frouwe wil ze frevelliche   L. 45, 7 (A 105. B 64. C 152)
schimpfen, ich habe uz gelobet.
Si tumbet, obe si niht entobet,
jon wart ich lobes noch nie so riche.
5 Torst ich vor den wandelbæren,
so lobte ich die ze lobenne wæren.
Des enhabe deheinen muot,
ichn gelobe si niemer alle,
swiez den losen missevalle,
10 sine werden alle guot.

71. L. u. Wa. haben Strophe 1 abgetrennt; Michels und Br. Str. 4.
    1, 1 man sül es B: wan sul C;   4 Das sú also gerne nider schonen B, dem Wa. folgt; alze: alles Br.;   5 Jedoch han ich die B, Wa., Br.;   7 Si sin: Wir sin Wa.; halp Wa.: halbe BC, L.-Kr;
    2, 1 Min AC, Kr.: Ain B: Ein L., Wa., Br.; frevellichen C: vraevenlichen B: frevelliche Wa., Kr.: schedelichen A: schedeliche L., Br.;   2 han A;   3 niht A: fehlt in BC;   4 Wan wart ich lobes nie BC, Wa.;   5 Getorste BC; von B;   6 Ich lopte die BC, Wa;   7 Dies enthaben deheinem A: Des enhabe deheinú BC, Wa.: des enhaben L., Br.: des enhabe Kr.;   9 losen A, L.-Kr., Br.: boesen BC, Wa.

3 Ich weiz si diu daz niht ennidet,   L. 45, 17 (A 106. B 65. C 153)
daz man nennet reiniu wip.
So rehte reine sost ir lip,
daz si der guoten lop wol lidet.
5 Er engap ir niht ze kleine,
der si geschuof schoen unde reine.
Der diu zwei zesamne sloz,
wie gefuoge er kunde sliezen!
er solt iemer bilde giezen,
10 der daz selbe bilde goz.

4 Sich krenkent frowen unde pfaffen,   L. 45, 27 (A 107. C 154)
daz si sich niht scheiden lant.
Die den verschampten bi gestant,
die wellent lihte ouch mit in schaffen.
5 — — — — — — — — — — — — — — —
— — — — — — — — — — — — — — —
We daz zwen als edele namen
mit den schamelosen werbent!
sicherliche si verderbent,
sine wellen sich erschamen.

72. *Wip* und *Frowe*

1 Zwo fuoge han ich doch, swie ungefüege ich si,   L. 47, 36 (C 164.
der han ich mich von kinde her vereinet.   e „her reymar" 356)
Ich bin den fron bescheidenlicher fröide bi,   L. 48, 1
und lache ungerne so man bi mir weinet.

3, 2 nemmet B;   3 rein sost ir A: reine ist ir der C: reine sost ir L.-Kr.,
Br.: rainen wais si ir B, Wa.;   4 der guoten A, L.-Kr., Br.: der rainen
BC, Wa.;   5 niht fehlt ABC: erg. L.;   7 zesemme A: ze saemene B;
8 fliessen C.
4 AC schreiben stets in dieser Str. krenken, lan usw., nur v. 4 wellent.
7 zwein alse edelen AC.
72. Strophenfolge nach H. Schneider; Kr. hat die fünf Strophen gegen L.
und Wa. (die Str. 4 und 5 abtrennen) zu einem Lied zusammengefügt;
doch war er in der Reihung bei L. und Wa. geblieben (Str. 5 vor Str. 4).
Br. bleibt bei der Strophenfolge von A; vgl. dazu auch Halbach, ZfdPh.
63, 212 f.
1, 3 den frœn bescheidelicher e;   4 swa man C, Wa., Br.;

  5 Durch die liute bin ich fro,
   durch die liute wil ich sorgen.
   ist mir anders danne also,
   waz dar umbe? ich wil doch borgen.
   Swie si sint, so wil ich sin,
  10 daz si niht verdrieze min.
   Manegem ist unmaere
   swaz einem andern werre:
   der si ouch bi den liuten swaere.

2 Hie vor, do man so rehte minneclichen warp, L. 48, 12 (A 85. B 72.
   do waren mine sprüche fröiden riche: C 161. e 355)
   Sit daz diu minnecliche minne also verdarp,
   sit sanc ouch ich ein teil unminnecliche.
  5 Iemer als ez danne stat,
   also sol man danne singen.
   swenne unfuoge nu zergat,
   so sing aber von höfschen dingen.
   Noch kumpt fröide und sanges tac:
  10 wol im, ders erbeiten mac!
   Derz gelouben wolte,
   so erkande ich wol die fuoge,
   wenn unde wie man singen solte.

3 Ich sage iu waz uns den gemeinen schaden tuot: L. 48, 25 (A 87.
   diu wip gelichent uns ein teil ze sere. B 73. C 162. e 357)
   Daz wir in also liep sin übel alse guot,
   seht, daz gelichen nimet uns fröide und ere.
  5 Schieden uns diu wip als e,
   daz si sich ouch liezen scheiden!

  1, 10 iht e; 11/12 Manigem ist die fraude ummere Der ist auch bi
den lüten swere C; 12 were C.
  2, 1 Hie bevor C; 2 sprüche ouch fr. BC; 3 daz fehlt in e; wunnec-
liche A; 4 Do sanc e; 6 mans BC; 7 ungefuge e; 8 singe BCe:
si A; aber AC: aber ich B: ich e; 10 So wol im ders erbiten mac e;
11 Derz A: Ders e: Ders mirs B: Der mirs C; wolte fehlt in e; 12 Ich
könde noch die fuoge e.
  3, 1 den maisten BC; 3 also – alse L.-Kr.: also – als A: alse – alse B: als
alse C: also – also e; 5 Scheiden e; 6 Daz och (ouch Br.) sie sich A,
Wa., Br.;

Daz gefrumt uns iemer me,
mannen unde wiben beiden.
Waz stet übel, waz stet wol,
10 sit man uns niht scheiden sol?
Edeliu wip gedenket
daz och die man waz kunnen:
gelichents iuch, ir sit gekrenket.

4   Wip muoz iemer sin der wibe hohste name,   L. 48, 38 (A 88. C 163.
und tiuret baz dan frowe, als ichz erkenne.   e 358. n III. 17)
Swa nu deheiniu si diu sich ir wipheit schame,   L. 49, 1
diu merke disen sanc und kiese denne.
 5 Under frowen sint unwip,
under wiben sint si tiure.
wibes name und wibes lip
die sint beide vil gehiure.
Swiez umb alle frowen var,
10 wip sin alle frowen gar!
Zwivellop daz hoenet,
als under wilen frouwe:
wip dest ein name ders alle kroenet.

5   Ich sanc hie vor den frowen umbe ir blozen gruoz,   L. 49, 12 (A 86.
den nam ich wider mime lobe ze lone.   C 165. e 359)
Swa ich des geltes nu vergebene warten muoz,
da lobe ein ander, den si grüezen schone.

  3, 7 iemer me A: ouch immer e: michels me BC;   8 Manne A; mannen
unde wiben fehlt in e;   10 Ob man A, Wa., Br.;   12 Daz och die man waz
(wol e) Ae: Daz sú och etteswas BC; ouch Wa.;
  4, 1 Wip was ie der h. name n; hoester e;   2 prisit n; frowen C;   3 nu
A: der C; Si dekeine di sich e: Welich wif sich n;   4 Di hore minen sanc.
inde mirke denne n; minen rat e; ouch denne C;   6 sint die rehten türen e;
8 fehlt in e; Du sint beidú C; Dat is vil gehuore n;   9–11 Wie it umbe
allen vare. Wip nimpt des hoesten lovis ware. Vrauwen lof dat honit n;
10 sint ACe, L., Wa.: sin Kr.; „!" nach H. Schneider;   12 fehlt in n;
under wiben e;   13 dest L: daz ist Ae: ist Cn; ein lop daz si A,Wa.: eyn
name dat si n.
  5, 1 húte vor A; den wiben e;   2 Dem e; minne lobe A: min loben e;
3 des geltes nu C: geltes so A: nu des geltes e: Swa ich nu des geltes so
Wa.;   4 gruesse C;

5 Swa ich niht verdienen kan
  einen gruoz mit mime sange,
  dar ker ich vil herscher man
  minen nac ode ein min wange.
  Daz kit „mir ist umbe dich
10 rehte als dir ist umbe mich".
  Ich wil min lop keren
  an wip die kunnen danken.
  waz han ich von den überheren?

73. Trostlied

1 Die zwivelaere sprechent, ez si allez tot   L. 58, 21 (A 6. C 207.
   und lebe nu nieman der iht singe.   E 165. F 23)
   Nu mugen si doch bedenken die gemeinen not,
   wie al diu welt mit sorgen ringe.
 5 Kumpt sanges tac, man hoeret singen unde sagen:
   man kan noch wunder:
   ich horte ein kleine vogellin daz selbe klagen,
   daz tet sich under:
   ‚ich singe niht, ez welle tagen.'

2 Die losen schelten guoten wiben minen sanc, L. 58, 30 (A 8. B 82.
   und jehent daz ich ir übel gedenke.   C 210. E 169)
   Si pflihten alle wider mich und haben danc,
   er si ein zage der da wenke.

5, 5 erwerben A, Wa., Br.;   6 Mit mime gesange einen gruoz e;   7 kere
C: wend A, Wa., Br.: neige e; herisch e;   8 oder Ae: alder C: ode L.; min
fehlt in e;   9 Daz kit A: Das sprichet Ce;   10 Als dich ümme mich e;
12 dú C; kunnen danken (*darüber* eren) C: danken kunnen A: künnen fraude
mern e;   überherren e.
78. Wa. ordnet die Strophen so: IV. V. VI; neues Lied: I. II; für sich:
III; L. faßte I-III und IV-VI als je ein Lied auf; ihm folgt P.
1, 2 Und A, Wa., Br.: Ez CF: Ezn L.-Kr.: Ern E; lebet F; nu fehlt in E;
niht E: ich F; singen F;   3 Nu AF: fehlt in CE; bedenken die A: erkennen
die C: gedenken der EF; gemeine A; not: noch F;   4 ringen F;   5 ge-
sanges F; man hoeret A: man gehoeret C: so hoeren E: sie horet F;
6 noch CE: ouch A: fehlt in F;   7 cleine A: kleines CF: fehlt in E;
8 Es tet EF;   9 Ich ensinge niht. es enwelle tage F; ez wölle e tagen E.
2, 1 Die schamelosen C; schelten BE;   2 ubele AE;   3 Si AE: Nu
BC; pflihtent E; uber A; mich fehlt in BC;   4 Und si A;

5 Nu dar swer tiuschen wiben ie gespraeche baz!
wan daz ich scheide
die guoten von den boesen: seht daz ist ir haz.
lobt ich si beide
geliche wol, wie stüende daz?

3   Ich bin iu eines dinges holt, haz unde nit,   L. 59, 1 (B 75. C 211)
so man iuch uz ze boten sendet:
Daz ir so gerne den biderben bi gesit
und da mit iuwern herren schendet.
5 Ir spehere, so ir niemen staeten muget erspehen,
den ir verkeret,
so hebt iuch hein in iuwer hus (ez muoz geschehen),
daz ir uneret
verlogenen munt und twerhez sehen.

4   Der also guotes wibes gert als ich da ger,   L. 59, 10 (A 9. C 209.
wie vil der tugende haben solte!   E 168)
Nun han ich leider niht da mite ich sie gewer,
wan obs ein lützel von mir wolte.
5 Zwo tugende han ich, der si wilent namen war,
scham unde triuwe:
die schadent nu beide sere. schaden nu also dar!
ich bin niht niuwe:
dem ich da gan, dem gan ich gar.

5   Ich wande daz si waere missewende fri,   L. 59, 19 (A 7. B 74.
nu sagent si mir ein ander maere.   C 208. E 166)

2, 5 Nu dar fehlt den Hss; von Kr. erg. nach L.s Vermutung: Wa nu Wa.; swer A: der E, Wa.: obe BC; tiuschen BCE: guoten A; frauwen E, Wa.; ieman ie BC;   6 Wan fehlt in C; ich si A;   7 Die besten A, Br.; und die BC; boesen A, Br.; der haz AE;   8 die beide BC;   9 wol we wie E; wie stüende in daz Br.

3, 3 so gerne bi den biderben sit BC: so ungerne b. d. b. s. L.: so gerne b. d. b. liuten sit Wa., Kr., Br.; 4 Und da mit Kr., Br.: Und daz ir C, L., Wa.: Und B;   9 seht B.

4, 1 gerte E;   2 tugende A: sol E;   3 Nu A; Ich han aber (ab Wa.) leider niht E, Wa.;   4 obe si ein lüzel von mir A: ob sie ein wenig nemen C: so vil ob sie ein lützel E, Wa.; wil E;   5 Dri A; tugenden E; des ich wilent nam war A; wilen E;   7 sere. nu schaden also CE; Die nement beide ein ander schaden war A;   8 fehlt in E;   9 Swem ich A, Br.

5, 1 si fehlt in C; were gar vor A;

Si jehent daz niht lebendes ane wandel si:
sost ouch min frowe wandelbaere.
5 Ichn kan ab niht erdenken waz ir misseste,
wan ein vil kleine:
si schadet ir vinden niht, und tuot ir friunden we.
lat si daz eine,
swie vil ich suoche, ichn vindes me.

6 Ich han iu gar gesaget daz ir missestat,   L.59,28 (B 76. C 212.
zwei wandel han ich iu genennet.   E 167)
Nu sult ir ouch vernemen waz si tugende hat
(der sint ouch zwo), daz irs erkennet.
5 Ich seit iu gerne tusent: irn ist niht me da,
wan schoene und ere.
die hat si beide vollecliche. hat si? ja!
was wil si mere?
hiest wol gelobt: lobe anderswa.

74. Wert der Minne I

1 Ein niuwer sumer, ein niuwe zit,   L. 92, 9 (C 70)
ein guot gedinge, ein lieber wan,
diu liebent mir en widerstrit
daz ich noch trost ze fröiden han.
5 Noch fröwet mich ein anderz baz
dan aller vogelline sanc:
swa man noch wibes güete maz,
da wart ir ie der habedanc.
Daz meine ich an die frowen min:

5, 3 Si iehent (sprechent E) das BCE: Daz A; niht lebendes Wa., Kr. nach
L.s Anm.: niht lebendiges ACE, L.: lebediges B.;   5 Ich kan BC; ab
L.-Kr., Wa.: aber ABCE; erdenken A: gedenken E: erkennen BC; daz E;
6 Won B;   7 schat A, Wa., Br.; viende A: vienden B: vient C: vinden
E, Kr.(mit?), Br.: vinde L., Wa.;   9 Swie vil sich suoche A: Swie vil is
sueche E; fluoche C; ich (en A) vindes me AE: ich vinde niht me BC.
6, 1 iu (úch B) gesait was BC;   3 So E;   4 ouch fehlt in E;   5 Ich
spriche ir gerne E; mere B; da fehlt in C;   7 Die zwo hat sie vollenclichen
E; baidú B;   9 wol fehlt in C; lob sie E.
1, 2 ein herzelieber wan C;   6 vogellinen C;   7 wibes schoene Wa.;
8 im ie Wa.;   Si ist noch schoener C.

10 da muoz noch mere trostes sin.
sist schoener danne ein schoene wip,
die schoene machet lieber lip.

2 Ich weiz wol daz diu liebe mac L. 92, 21 (C 71)
ein schoene wip gemachen wol.
iedoch swelch wip ie tugende pflac,
daz ist diu der man wünschen sol.
5 Diu liebe stet der schoene bi
baz dan gesteine dem golde tuot.
nu jehet waz danne bezzer si,
hant dise beide rehten muot.
Si hoehent mannes werdekeit:
10 swer ouch die süezen arebeit
dur si ze rehte kan getragen,
der mac von herzeliebe sagen.

3 Der blic gefröut ein herze gar, L. 92, 33 (C 72)
den minneclich ein wip an siht.
wie welt ir danne daz der var,
dem ander liep von ir geschiht?
5 Der ist eht manger fröiden rich,
so jenes fröide gar zergat.
waz ist den fröiden ouch gelich, L. 93, 1
da liebez herze in triuwen stat,
in schoene, in kiusche, in reinen siten?
10 swelch saelic man daz hat erstriten,
ob er daz vor den frömden lobet,
so wizzet daz er niht entobet.

4 Waz sol ein man der niht engert L. 93, 7 (C 73. i l. s 81⁴)
gewerbes umb ein reine wip?
si laze in iemer ungewert,
ez tiuret doch wol sinen lip.

2, 7 jehet C: jehent L., Wa.;   8 disú C: disiu Wa.;   10 erbeit C.
3, 4 von in beschiht C, Wa.: von ir geschiht L.-Kr.;
4, 2 Zuo werben s; reines i;   3 Was denne lot siu in iemer i; ym s;
4 Er tuoryt dan noch sinen lyp s: Dannoch zieret siu sinen lip i;

   5 Er tuo dur einer willen so
     daz er den andern wol behage:
     so tuot in ouch ein ander fro,
     ob im diu eine gar versage.
     Dar an gedenke ein saelic man:
10 da lit vil saelde und eren an.
     swer guotes wibes minne hat,
     der schamt sich aller missetat.

75. Wert der Minne II

1   Waz ich doch gegen der schoenen zit   L. 95, 17 (C 82)
    gedinges unde wanes han verlorn!
    Swaz kumbers an dem winter lit,
    den wande ich ie des sumers han verborn.
   5 Sus sazte ich alles bezzerunge für:
    swie vil ich trostes ie verlür,
    so hat ich doch ze fröiden wan.
    dar under misselanc mir ie:
    in vant so staete fröide nie,
 10 si wolte mich e ich si lan.

2   Muoz ich nu sin nach wane fro,   L. 95, 27 (C 83. a 21)
    son heize ich niht ze rehte ein saelic man.
    Dem ez sin saelde füeget so
    daz im sin herzeliep wol guotes gan,
   5 Hat ouch der selbe fröiderichen sin:
    (des ich nu leider ane bin)
    son spotte er niht dar umbe min,

    4, 5 tuo s: tuege i: tuot C; durch die eine so i;   6 der ander s; hehaget C;
7 ouch ein ander Mi., Kr., Br.: ouch dú eine C, L., Wa.; Der eynre mach
ym wal machen vro s: Lihte machet in ein ander vro i;   8 die eine i:
diu eine Mi., Kr., Br.: dú ander C: der ander s: diu ander L., Wa.; gar ver-
saget C: weder zaghe s;   9–12 stehen in s ein zweitesmal = 41^4;   9 Des
troeste sich s s^2; ein ieclich i;   10 vil tugende i: dúegden s^2: vyl tuocht s;
11 Welch (Wech s) man s s^2; reiner wibe i: eyns reynes wibes s s^2.
    1, 5 saste C, Wa.: sazte L.-Kr.;
    2, 1 Muez ich nach wane wezin vro a;   2 So bin ich niht von r. a;
3 Obe sich ens dinc gi fugit so a;   5 vroidin sin a;   6 nu Kr. (nach L.s
Anm.): vil C, L., Wa.; Ob ich in leide trurich bin a;   7 So spot er a;

ob im sin liep iht guotes tuot:
ich waere ouch gerne hohgemuot,
10 möht ez mit liebes hulden sin.

3   Er saelic man, si saelic wip,   L. 95, 37 (C 84)
    der herze ein ander sint mit triuwen bi!
    Ich wil daz, daz ir beider lip   L. 96, 1
    getiuret und in hoher wirde si.
  5 Vil saelic sin ir jar und al ir zit!
    er ist ouch saelic sunder strit,
    der nimt ir tugende rehte war,
    so daz ez in sin herze get:
    ein saelic wip, diu sich verstet,
 10 diu sende ouch guoten willen dar.

4   Sich waenet maneger wol begen   L. 96, 9 (C 85)
    so daz er guoten wiben niht enlebe.
    Der tore kan sich niht versten
    waz ez im fröide und ganzer wirde gebe.
  5 Dem liht gemuoten dem ist iemer wol
    mit lihten dingen, als ez sol:
    swer wirde und fröide erwerben wil,
    der diene guotes wibes gruez.
    swen si mit willen grüezen muoz,
 10 der hat mit fröiden wirde vil.

5   Ja herre, waz gedenket der   L. 96, 19 (C 86)
    dem ungedienet ie vil wol gelanc?
    Ez si ein sie, ez si ein er
    swer also minnen kann, der habe undanc,
  5 Und da bi guoten dienest übersiht.
    ein saelic wip diu tuot des niht:
    diu merket guotes mannes site,
    da scheidet si die boesen von.
    so ist ein tumbiu so gewon
 10 daz ir ein tumber volget mite.

2, 9 wol gi muet a;   10 mit C: in a;
4, 4 ez fröide C, L.-Kr., Br.: ez im fr. Wa.;   8 der gediene C: der diene L.;
5, 8 die boesen L.-Kr., Br.: die guoten C, Wa.

76. Die Hartherzige

1   Ir vil minneclichen ougenblicke   L. 112, 17 (C 383)
    rüerent mich alhie, swann ich si sihe,
    in min herze. owe sold ich si dicke
    sehen, der ich mich für eigen gihe!
   5 Eigenlichen dien ich ir:
    daz sol si vil wol gelouben mir.

2   Ich trage inme herzen eine swaere   L. 112, 23 (C 384)
    von ir die ich lazen niht enmac,
    bi der ich vil gerne tougen waere
    beide naht und ouch den liehten tac.
   5 Des enmac nu niht gesin:
    ez enwil diu liebe frouwe min.

3   Sol ich miner triuwe alsust engelten   L. 112, 29 (C 385)
    sonsol niemer man getruwen ir.
    si vertrüege michels baz ein schelten
    danne ein loben, daz gelobet mir.
   5 We war umbe tuot si daz,
    der min herze treit vil kleinen haz?

77. Frowe und friundin

1   Die verzagten aller guoten dinge   L. 63, 8 (B 94. C 226)
    waenent daz ich mit in si verzaget:
    ich han trost daz mir noch fröide bringe
    der ich minen kumber han geklaget.
   5 Obe mir liep von der geschiht,
    so enruoche ich wes ein boeser giht.

2   Nit den wil ich iemer gerne liden,   L. 63, 14 (B 95. C 227)
    frowe da solt du mir helfen zuo.

    2, 1 inme Kr.: in minem C;   2 Von ir die ich Pf., Kr.: Der ich von ir L.: Der ich von mir C;   6 Ez enwil L.: Es enwelle C.
    1, 1 guoten L.: guoter C.

daz si mich von schulden müezen niden ,
so min liep in herzeleide tuo.
5 Schaffe daz ich fro geste,
sost mir wol, und ist in iemer we.

3 Friundin unde froun in einer waete,   L. 63, 20 (B 96. C 228)
wolte ich an dir einer gerne sehen,
ob ez mir so rehte sanfte taete
alse mir min herze hat verjehen.
5 Friundinne ist ein süezez wort:
doch so tiuret frowe unz an daz ort.

4 Frowe, ich wil mit hohen liuten schallen,   L. 63, 26 (B 97. C 229)
werdent diu zwei wort mit willen mir:
so laz ouch dir zwei von mir gevallen,
dazs ein keiser kume gaebe dir.
5 Friunt und geselle diu sint din,
so si friundin unde frowe min!

78. Zwiegespräch III
(Über edlen Anstand)

1 Ich hoere iu so vil tugende jehen,   L. 43, 9 (B 56. C 144. D 256.
daz iu min dienest iemer ist bereit.   E 170. F 34. O 4. a 24.
Enhaet ich iuwer niht gesehen,   s „Heren walters zanch" 30¹)
daz schatte mir an miner werdekeit.
5 Nu wil ich deste tiurre sin

2, 4 so min liep Wa., Kr.: So daz min liep L.: So daz min lip BC.
3, 1 Fründen C;   2 dir L.: ü C: úch B;   5 Fr. das ist BC: Fr. ist
Plenio, Beitr. 43, 70 Anm., Kr.: Friundin dast L.
4, 3 ouch L.: ich BC;   4 Dazs L.: Das BC; dir Bodmer, L.-Kr.: mir BC;
5 sint baidú din BC;   6 vrúndinne B.
78. L.-Kr. schreiben auch Z. 9 als zwei Vierheber; Wa. schreibt Z. 6/7
als *eine* zäsurierte Langzeile.
1, 1 Frawe ich F a: Frowe ich L.; horte BC, Wa.; tugenden O; tugen s;
vil der t. DEFa, L.;   2 muoz immer sin DF; gereit O;   3 Enhebe E:
Nehet O: En had s: Hat B: Het C: Unde hette D a: Nue het F; uch D.;
gischehin a;   4 Es BC: Hetz s; schatte B: schate C: schadete DO: schat
E a: scade s: schadet F; mir vil a: mir nymmer F;   5 Nu wil ich immer
EFa, L.: Ich wil iemer BCO: Unde wil ouch immer D: Und ich wil ymmer s;
immer str. Wa., Kr.; des te triºuer zin s;

und bite iuch, frouwe,
   daz ir iuch underwindet min.
   ich lebete gerne, kunde ich leben:
   min wille ist guot, nu bin ich tump, nu sult ir mir die maze geben.

2 „Kund ich die maze als ich enkan,   L. 43, 19 (B 57. C 145. E 171.
   so waere ich in der welte ein saelic wip.   F 35. O 5. a 25. s 30²)
   Ir tuot als ein wol redender man,
   daz ir so hohe tiuret minen lip.
 5 Ich bin vil tumber danne ir sit,
   waz eht dar umbe?
   doch wil ich scheiden disen strit.
   tuot allererst des ich iuch bite,
   und saget mir der manne muot, so lere ich iuch der wibe site."

3 Wir wellen daz diu staetekeit   L. 43, 29 (B 58. C 146. E 172.
   den guoten wiben gar ein krone si.   F 36. O 6. a 26. s 30³)
   Sit ir mit zühten wol gemeit,

    1, 6 Ich bite D a; vrowe DEFO: vrou s: saelig vrowe guot BC: frowe dez a;   7 iuch fehlt in s;   8 wch gerne konde ich wch a;   9 *mit* min endigt D; Nu bin ich tump min wille ist guot BC; nu (so E, doch s) bin ich EO a s: und ich pin F; tump: din s; nu sult ir: des suldir s; ir fehlt in F; mich s.
    2, 1/2 steht in s nach 4;   1 als: zo s; en E, Wa., Kr.: ne O: nicht F: net in s: niene BC, L.: ir leidor niht in a;   2 Ich waere a; et ich L.-Kr.; zir a: ter s: zer L.-Kr.: zuor EO: zuo der Br.: der F: in der BC, Wa.; wol ein F;   3 Ich tuon C; als ein vil reden man s;   4 mir den a: min s: uwen O;   5 Ich bin vil tummer (drover s, tumber Kr., Br.) O s, Kr., Br.: Ich vil t. F: Ich bin noch t. a, L.: Ich bin niht wiser E: Nu bin ich doch t. BC: Ich bin doch t. Wa.;   6 Was da et om s.: fehlt EFO: waz dar umbe BCa, L.-Kr., Br.: Nu waz dar umbe Wa.: *vielleicht* waz dar et umbe?;   7 Doch wene ich daz ich wölle scheiden E: Ich will sceiden s; disen FO a: uns den E, Wa.: den BCs;   8 Tuot alrest O: Tuot allererst Kr., Br.: Tuont von erst a: Tuot ir alrerst (alreste B, alrest Wa.) BCE, Wa.: Nun tut allererst F: Nu dogt irst s: Nu t. von erst L.;   9 Und (Nua) saget mir FOa s: Und leret mich E: Lert (Lerte C) ir mich BC; mynne mut F: moet name s; der frowen a.
    3, 1 Wir man wir a L.; Sie wöllent daz E; diu fehlt in a;   2 Der (Den O) guoten frauwen EO: Iuch (Iu C, Wa., An s, fehlt in F) guoten wiben BCFs, Wa.: Ob allin guotin dingin a: in guoten wiben L: dem guoten wibe Br.: der wibes güete Jell., Kr.; gar ein BC a: rechte ein O: rehte E: wol ein F: ein s;   3 Kan si E, Jell., Kr., Br.: Kunnen sie O s: Kunnent ir BC: Kumen. und die F: Sit ir a: Kumt iu L., Wa.; sin BCEFOs: wol a;

so stet diu lilje wol der rosen bi.
5 Nu merket wie der linden ste
der vogele singen,
dar under bluomen unde kle.
noch baz stet wiben werder gruoz.
ir minneclicher redender munt der machet daz man küssen muoz.

4   „Ich sage iu wer uns wol behaget: L. 44, 1 (B 59. C 147. E 173.
    der beide erkennet übel unde guot,   F 37. O 7. a 27. s 30⁴)
    Und ie daz beste von uns saget,
    dem sin wir holt, ob erz mit triuwen tuot.
5   Kan er ze rehte wesen fro
    und tragen gemüete
    ze maze nider unde ho,
    der mac erwerben des er gert:
    welch wip verseit im einen vaden? guot man ist guoter siden wert."

3, 4 So stet vil wol die lylye der rosen (wol die rose der [*ohne* lilie!] s) by Os; stets BEOa: steit s: schaytt F: stent C; der EOa: den BC: die F; rosen BCFOa: lylien E; bey den plumen F; - 5 Nu wartent a; der linden EOas: die linde F: der lilie BC: stat a;   6 Ir E; fogel singen a: vogelline singen BC: vogelsanc EOs: voglein sanck F;   7 Da under bleuen unde cle s: Unde ir rat a: Und da weysser clee F;   8 Michels bas BC; stet EFOa: stat BC, Wa.: cimet a; wibin werder a: frouwen schoener EOs: úch (úC) vrowen schoner BC: reinen wyben ir gút und auch werder frawen F;   9 Iuwer BC; Wan ir wol szuosir redender a; wol redender F; der fehlt in BCE; schafit a; man in EFO: man hem s.
4, 1 Ir man fragent wer BC; uns wibin wol a: uns wiben wol L.; behage BC;   2 Der beide erkennet (kennet F) EFOs, P., Kr.: Nieman wan der irkennit a: Wan der erk. L., Wa.; Der übel erkennen kan und guot C: Der übel und guot erkennen kan B;   3 Und vil des bestin a; van uch s; sage BC;   4 und ob er es in F;   5 Kan er BC: Kan er denne (dan o) EOs: Der mag F: Unde der a; tzo rechte Os: ze rehte Kr.: ze rehte ouch BC, L., Wa.: zimase kan a: mit (in F) zühten EF;   6/7 Unde gedenke (gedenchen s) yme tzo maze (maesen s) Os: Daz er gedenket ze masse BC: Und sin gemuete setzen E: Der dine ja zu massen hie und do und trage dein gemüte F: Und da bi kan tragen beidu a: Und tragen gemüete ze maze L., Wa., Br.: Und im gemuoten ze maze Kr.; nider unde (u. ouch tzo mazen O) ho EOas: weder nider noch ze ho BCF;   8 Er s; wol pieten F; swes EFa, L., Wa., Br.; So tuot er des das herze gert BC;   Welich frauwe E; fraw F; versait dem BC: ime verseit E; versaget jm in gute Er wirt do schier gewert F; F endet damit; fadem EO; guoter man BC; ist: ist wol Os; ryches lones s.

79. Frühling und Frauen

1 So die bluomen uz dem grase dringent,   L. 45, 37 (A 1. B 66.
   same si lachen gegen der spilden sunnen,   C 155. E 182. N 6)
   in einem meien an dem morgen fruo;   L. 46, 1
   Und diu kleinen vogellin wol singent
  5 in ir besten wise di si kunnen,
   waz wünne mac sich da gelichen zuo?
   Ez ist wol halb ein himelriche!
   suln wir sprechen waz sich deme geliche,
   so sage ich waz mir dicke baz
 10 in minen ougen hat getan und taete ouch noch, gesaehe ich daz.

2 Swa ein edeliu schoene frouwe reine,   L. 46, 10 (A 2. B 67.
   wol gekleidet unde wol gebunden,   C 156. E 183. F 14. N 7)
   dur kurzewile zuo vil liuten gat;
   Hovelichen hochgemuot, niht eine,
  5 umbe sehende ein wenic under stunden,
   alsam der sunne gegen den sternen stat –
   Der meie bringe uns al sin wunder:
   waz ist da so wünnecliches under
   als ir vil minneclicher lip?
 10 wir lazen alle bluomen stan und kapfen an das werde wip.

79. L.-Kr. zerlegen die letzte Zeile in zwei Vierheber.
   1, 1 dringen BE;   2 Also si N; lachent AN; der spildem N: der spilnden E: dem spilnden C; sunden N;   3 an ACEN: gen B;   4 die C; vogelliu A: vogeline N; wol fehlt in EN; singen BE;   5 Die aller besten wise die sie chunnent N;   6 Waz fehlt in C; wunen N; mac AEN: kan BC; genozen AN, Br.;   8 *so in* AE: Nu sprechent alle was BC: Nuo sprechet waz N;   9 ich lihte waz mir baz EN;   10 ouch fehlt in E.
   2, 1 edelú vrowe schoene raine (und raine E) BCE, Br.: edeliu vrouwe reine N;   2 gecleidet EF: gecleit ABN: bekleit C; und darzuo wol gebunden C: und gebunden niht eine E;   3 kürtzewile E; vil: den F; N *endet in seinem sicher lesbaren Teil bei* liu; gat fehlt in F;   4 wol gemuot EF; niht eine *fehlt an dieser Stelle in* E (s. vers 21);   5 Anesehende F; Umbesehen ein cleine E: Ein wenic umbe sehende A;   6 Alse (Als E, Also F) die BEF; dem sterne E: sternen F;   7 Der mey der pringt uns wunder F; bringet C;   8 da so CE: denne (danne B) da so AB; das F; wunderliches E; w. wunder F;   9 vil wunnenclicher E;   10 kaffen E: schawen F; die werden F.

3   Nu wol dan, welt ir die warheit schouwen,   L. 46, 21 (A 3. B 68.
    gen wir zuo des meien hohgezite!   C 159. E 186. F 15)
    der ist mit aller siner krefte komen.
    Seht an in und seht an schoene frowen,
5   wederz da daz ander überstrite,
    daz bezzer spil, ob ich daz han genomen.
    Owe der mich da welen hieze,
    deich daz eine dur daz ander lieze,
    wie rehte schiere ich danne kür!
    her Meie, ir müeset merze sin, e ich min frowen da verlür.

80. Frau Maze

1   Aller werdekeit ein füegerinne,   L. 46, 32 (A 4. B 69.
    daz sit ir zeware, frowe Maze: C 157. E 184. F 16)
    er saelic man, der iuwer lere hat!
    Der endarf sich iuwer niender inne
5   weder ze hove schamen noch an der straze:
    dur daz so suoche ich, frowe, iuwern rat.

3, 1 Nu wol dan A: Nun wol an F: Nu wol uf B: Woldan E: Set sam mir C; ir sült EF;   2 So gen wir B: Nue var wir F; des werden maien B; hohgeziten E: hochzeit F;   3 crefte: wunne BC: schoene EF;   4 Nu seht an in B; schoene BEF: werden A: werde C, Wa;   5 Weders da A: Weders hie B: Weder ir E: Welch ir F: Weder spil C: Wederz da Wa., Kr.: Wederz ir L.; ander da wider strite E;   6 Das beste (weger C) spil ob ich das han (habe E) CE: Daz bezer teil daz han ich mir A: Ob ich das waeger spil iht habe genomen B: Das bezer spil ich wil das han ich F: Daz bezzer spil ob ich daz han L.-Kr.: Daz bezer teil daz han ich mir Wa.; vernomen F;   7 Owe AE: Ahi B: Und C: fehlt in F; mir F; da AE: hie B: danne C: da deinen F; wellen C: weln AE; welle niessen B: willen hette F; liezze E;   8 Daz ich daz (da daz A) eine AC: Wie störe ich das eine F: Das ain ich BE; liessen B: lasse F;   9 Wie (Owe wie) rehte schier ich EF: Ahy wie schiere ich C: Obe ich ze rehte A; Wie schiere ich das aine für das ander kur B;   10 Her mey ir meister müst sein F; muzent A; mine AB; er ich dich nicht mein frawe F; da: hie B.
80. L.-Kr. zerlegen die letzte Zeile in zwei Vierheber.
1, 1 figurynne F;   2 Daz fehlt in E; vro B;   3 Er AE: Ain BC: Vil F;   4 darf BC; iuwer niender inne A: nymmer inne F: üwer niht beschamen. inne BC: nimmer mer geschamen E;   5 Werder A: Beide C: Noch F: fehlt in BE; schamen noch an der A: komen in der F: noch (noch ouch C) an der BC: noch zuo E; schasse F;   6 Dur das so BC: Dur daz A: Des E; Dorumb so gee ich F; frowe AEF: iemer C: fehlt in B; auch gerne üwern E: nach ewrem F;

```
            Daz ir mich ebene werben leret!
            wirbe ich nidere, wirbe ich hohe, ich bin verseret.     L. 47, 1
            ich was vil nach ze nidere tot,
        10  nu bin ich aber ze hohe siech: unmaze enlat mich ane not.

2       Nideriu minne heizet diu so swachet        L. 47, 5 (A 5. B 70.
        daz der lip nach kranker liebe ringet:     C 158. E 185. F 17)
        diu minne tuot unlobeliche we.
        Hohiu minne reizet unde machet
    5   daz der muot nach hoher wirde uf swinget:
        diu winket mir nu daz ich mit ir ge.
        Mich wundert wes diu maze beitet.
        kumet diu herzeliebe, ich bin iedoch verleitet.
        min ougen hant ein wip ersehen,
    10  swie minneclich ir rede si, mir mac wol schade von ir geschehen.
```

81. Veränderliche Welt

```
1   Wie sol man gewarten dir,           L. 59, 37 (A 132. B 77. C 213.
    Welt, wilt also winden dich?        E 115. O 27)
    Waenest dich entwinden mir?         L. 60, 1
    nein: ich kan ouch winden mich.
```

1, 7 ebene: aber F;   8 nider *und* hohe *sind in E vertauscht*;   9 ze nidere: durch sie F;   10 aber fehlt in E; zu massen F; enlat mich A, L.-Kr.: ir lant (lasset C) mich (mich niender B) BC, Wa: la mich E: lang F; an not BC.

2, 1 In der mynne F; diu so ABC: die da E: so der F;   2 der muot A; 3 minne AE, Wa, Kr.: liebe BCF, L.; tut wee und lobelichen (*ohne* we) F; 4 reizet unde A, L.-Kr.: haisset dú das (da B) BCE: heizet diu da Wa.; F *fehlt bis auf* machet;   5 hoher wurde A: hoher wirde Wa., Kr.: werder liebe BCF, L.; Daz der muot so hohe stiget E; sich auf s. F;   6 wünschent E; mir fehlt in C; nu fehlt in E; nu des ich F; ich ir mitte ge C; 7 Mich wundert A, Wa., Kr.: Nun weiz ich BCEF, L.; was F;   8 Wenn kumpt F; diu fehlt in BC; ich bin iedoch A, Wa., Kr.: ich bin E: so bin ich CF, L.: so ich bin B;   9 Doch hat min lib ein C; Min auge hat E; 10 si im mag F; wol: doch A, Br.

81. Wa. ordnet die Strophen in der Folge der Hs. A (also Str. 3 und 1 vertauscht!). Die beiden Zusatzstrophen dieses Lieds s. im Anhang I, S. 146 f!

1, 1 man BC: ich A; Wer mac (mac nu O) gewarten dir (dir gewarten E) EO;   2 wilt AO: wilt du B: wil du E: wil diu C; alsus EO; vinden E; 3 Waenist BC: Wenes du A: Du wenest EO; entwenden E;

5	Du wilt sere gahen,	
	und ist vil unnahen	
	daz ich dich noch sül versmahen.	
2	Du hast lieber dinge vil,	L. 60, 6 (A 131. B 78. C 214.
	der mir einez werden sol.	E 116. O 28)
	Welt, wiech daz verdienen wil!	
	doch solt du gedenken wol,	
5	ob ich ie getraete	
	fuoz von miner staete,	
	sit du mich dir dienen baete.	
3	Welt, du ensolt niht umbe daz	L. 60, 13 (A 130. B 79. C 215.
	zürnen, ob ich lones man.	E 117. O 29)
	Grüeze mich ein wenic baz,	
	sich mich minneclichen an.	
5	Du maht mich wol phenden	
	und min heil erwenden,	
	daz stet, frouwe, in dinen henden.	
4	Ichn weiz wie din wille ste	L. 60, 20 (B 80. C 216)
	wider mich: der mine ist guot	
	wider dich. waz wil dus me,	
	Welt, von mir, wan hohen muot?	
5	Wilt du bezzer wünne,	
	danne man dir günne	
	fröide und der helfen künne?	
5	Welt, tuo me des ich dich bite,	L. 60, 27 (B 81. C 217. E 118.
	volge wiser liute tugent!	O 30)

1, 6 vil AE: harte O: ouch BC;   7 dir BCO, L., Wa.; dich AE, Jell., Beitr. 43, 23, Kr.; noch fehlt in E, ist von O an die Spitze des Verses gerückt; sol E.
2, 1 guter EO;   3 dienen A;   4 Jo (Ja O) solt EO; gedanken O;   5 ie BCO, L.-Kr., Wa.: hie A, Br.: fehlt in E;   7 Sit diu O.
3, 1 ensolt A: solt BCEO; umbe daz fehlt in E;   2 ob AEO: das BC; ich dich EO; nam C;   3 Grueze AEO: Troeste BC;   4 Sihe A; wunnenclichen E: willichlichen O;   5 mach O; vil wol E;   6 Und alle min: E Al myn O;   7 an EO.
4, 3 wildus C: wilt du B:
5, 1 me fehlt in E;   2 Minne EO;

Du verderbest dich da mite,
wil du minnen toren jugent.
5 Bite die alten ere,
daz si wider kere
und ab din gesinde lere.

82. Der Minne Sitte

1 Minne diu hat einen site: L. 57, 23 (C 203. E 27)
   daz si den vermiden wolde,
   daz gezaeme ir baz.
   Da beswaert si manegen mite,
5 den si niht beswaeren solde,
   we, wie zimt ir daz?
   Ir sint vier unt zwenzec jar
   vil lieber danne ir vierzec sin, und stellet sich vil übel, sihts iender
                                    grawez har.

2 Minne was min frowe gar,   L. 57, 32 (C 204)
   deich wol wiste al ir tougen,
   nust mir so geschehen:
   Kumt ein junger ieze dar,
5 so wird ich mit twerhen ougen
   schilhend an gesehen.
   Armez wip, wes müet si sich?
   weizgot wan daz si liste pfliget und toren triuget, sist doch elter
                  vil dan ich.   L. 58, 1/2

3 Minne hat sich an genomen   L. 58, 3 (C 205. E 25)
   daz si get mit toren umbe
   springende als ein kint.
   War sint alle ir witze komen?

5, 4 Wilt du BCO; touren B;   7 aber din ghe sinne O; lere BCO: mere E.
82. L.-Kr. zerlegen die letzte Zeile in einen Vier- und einen Sechsheber. –
S. die Zusatzstrophe im Anhang I, S. 147!
 1, 1 Minne hat noch einen site E;   2 Swie sie E; wölte E;   4 Sie
besweret manigen mite E;   5 sölte E;   6 stat ir E;   8 Vil fehlt in E;
sin C, Br.: sint E, Kr.; sich als übel. sihet sie ein grawez har E;
 2, 1 frouwe so gar C, L.; frou so gar Wa.;
 3, 2 Daz sie vert mit den torn (*ohne* umbe!) E; si vert Br.;   3 Springent C;

    5 wes gedenket si vil tumbe?
    sist joch gar ze blint.
    Dazs ir ruschen nienen lat,
    und füere als ein bescheiden wip! si stozet sich, daz ez mir an min
        herze gat.

4   Minne sol daz nemen für guot,   L. 58, 12 (C 206. E 26)
    under wilen so si ringet,
    daz ich sitzen ge.
    Ich han also hohen muot
    5 alse der vil hohe springet,
    we, waz wil sis me?
    Anders diene ich swa ich mac.
    si b(e)suoche wa die sehse sin: von mir hats in der wochen ie den
        sibenden tac.

83. Freude einst und jetzt

1   Bi den liuten nieman hat   L. 116, 33 (C 409 [426]. E 93)
    ze fröiden hovelichern trost denn ich.
    So mich sende not bestat,
    so schine ich geil und troeste selben mich.
    5 Also han ich dicke mich betrogen
    unde durch die werlt mir manege fröide erlogen.
    daz liegen was ab lobelich.

2   Leider ich muoz mich entwenen   L. 117, 8 (C 410 [427]. E 94)
    vil maneger wünne der min ouge an sach.

3, 6 doch E;   7 ruschen niene lat C: rütschen niht enlat E;   8 storet E.
4, 5 Als einer der C, L.-Kr.: Als der E: Alse der Wa., Br.: Als er, der (mit?) Kr.;   7 swa L.-Kr., Wa.: swas C: swes E: swaz Br.;   8 Si versuoche Wa.: si suoche E: von mir C: noch mer E; wuochen E.
83. Simrock, Paul, v. Kraus, Brinkmann fassen die Strophen als e i n Lied; L., W.-M., Wa. nehmen Str. 1 und 3 als ein Lied, Str. 2, 4 und 5 als ein anderes.
    1, 2 Ze fröiden *erg.* Kraus: fehlt in CE, und bei L.: Wa. *erg.* sol;   4 selben str. Wa.;   5 selbe mich E: selben mich C: str. L.-Kr., Wa.;   6 mir fehlt in CE, L.: *erg.* Kr.: Wa., Br. *erg.* vil;   7 löbelich E.
    2, 1 mich fehlt in C;   2 Vil in CE, L.: *erg.* Wa., Kr.; der C: die E;

War nach sol sich einer senen,
der niht geloubet swaz hie vor geschach?
5 Der weiz lützel waz daz si, gemeit.
daz ist senender muot mit gerender arebeit.
vil saelic si daz ungemach!

3 Maneger waenet, der mich siht,   L. 117, 1 (C 411 [428]. E 95)
min herze si an fröiden iemer ho.
Hoher fröide han ich niht,
und wirt mir niemer wider, wan also:
5 Werdent tiusche liute wider guot,
unde troestet si mich, diu mir leide tuot,
so wirde ich aber wider fro.

4 Ich han ir gedienet vil,   L. 117, 15 (C 412 [429]. E 96)
der werlte, und wolte ir gerne dienen me,
Wan dazs übel danken wil
und waenet des daz ich mich niht verste.
5 Ich versten michs wol an eime site:
des ich aller serest ger, so ich des bite,
so git siz einem toren e.

5 Ichn weiz wiechz erwerben mac: L. 117, 22 (C 413 [430]. E 97)
des man da pfligt, daz widerstuont mir ie.
Wirbe ab ich so man e pflac,
daz schadet mir lihte: sus enweiz ich wie.
5 Doch verwaene ich mich der fuoge da:
daz der ungefüegen werben anderswa
genaemer si dan wider sie.

2, 3 sich E: ich C; sene E;   4 was CE: waz L.: swaz Wa., Kr.;   5 gemeint CE;   6 Ist daz Wa.;   7 Unselic CE: Unsaelic L.: Vil s. Wa., Kr.
3, 2 iemer fehlt in CE und bei L., Wa.: erg. Kr.;   4 wider str. Wa.; 5 Werden CE;
4, 2 Der Werlte L., Wa.;   4 des fehlt in CE; Kr. *erg. es vor* daz, Wa., Str. *erg. es vor* niht;   6 allererst C;   7 So gitez siez eime torn e E.
5, 3 Wirde CE;   6 ungefuogen erwerben E.

84. Kaiser und Spielmann

1 Ob ich mich selben rüemen sol,   L. 62, 6 (B 90. C 222)
   so bin ich des ein hübescher man,
   daz ich so mange unfuoge dol
   so wol als ichz gerechen kan.
 5 Ein   klosenaere, ob erz vertrüege ? ich waene, er nein.
   haet er die stat als ich si han,
   bestüende in danne ein zörnelin,
   ez wurde unsanfte widertan,
   swie sanfte ichz also laze sin.
10 daz   und ouch me vertrage ich doch dur eteswaz.

2 Frowe, ir habt mir geseit also,   L. 62, 26 (B 92. C 224)
   swer mir beswaere minen muot,
   daz ich den mache wider fro:
   er schame sich lihte und werde guot.
 5 Diu   lere, ob si mit triuwen si, daz schine an iu!
   ich fröwe iuch, ir beswaeret mich:
   des schamt iuch, ob ichz reden getar;
   lat iuwer wort niht velschen sich,
   und werdet guot: so habt ir wâr.
10 vil   guot sit ir, wan daz ich guot von guote wil.

3 Frowe, ir sit schoene und sit ouch wert: L. 62, 16 (B 91. C 223)
   den zwein stet wol genade bi.
   waz schadet iu, daz man iuwer gert?
   joch sint iedoch gedanke fri.
 5 Wan   unde wunsch daz wolde ich allez ledic lan:
   nu höveschent mine sinne dar:
   waz mag ichs, gebents iu minen sanc?

84. Die Ordnung der Strophen hat Wa. festgestellt; er hat auch gegen L. die Strophen als ein Lied gefaßt; Kr. folgt ihm. L. hatte Str. 1 abgetrennt.
   1, 4 ichz B: ich C;   6 Haet er BC: Hat er L.;   8 unsanfte C; Jellinek, Kr.: unsanfter B, L., Wa., Br.;   10 Das C: Do B.
   2, 3 Das ich ouch den mache fro C;   5 das das BC;   9 werdent B; wâr Wa., Kr.: war L.;   10 wan das B: wan daz Wa., Kr.: da von C, L.; von guete C.
   3, 4 Jo C; gedaenke B;   5 wunsche B;   6 Was mag ich sin (ichs C) höv. BC; Nu höv. Jellinek, Kr.: Und höv. Wa.: Höveschent L.; hoveschen die minne dar B;   7 Was mag ich BC; gent sú B.

       des nement ir lihte niender war,
       so han ichs doch viel hohen danc.
10 treit   iuch min lop ze hove, daz ist min werdekeit.

4   Frowe, ir habt ein vil werdez tach   L. 62, 36 (B 93. C 225)
    an iuch geslouft, den reinen lip:
    wan ich nie bezzer kleit gesach,
    ir sit ein wol bekleidet wip.   L. 63, 1
5 Sin   unde saelde sint gesteppet wol darin.
    getragene wat ich nie genan,
    wan dise naem ich als gerne ich lebe:
    der keiser wurde ir spileman
    umb also wünnecliche gebe.
10 da   keiser spil! nein, herre keiser, anderswa!

85. Minnesorgen

1   Ez waer uns allen   einer hande saelden not, L. 97, 34/5 (C 91)
    daz man rehter fröide schone pflaege als e.
    Ein missevallen   daz ist miner fröiden tot,
    daz dien jungen tuot so rehte we.   L. 98, 1
5 War zuo sol in ir junger lip,
    da mit si fröide solten minnen?
    hei wolten si ze fröiden sinnen,
    junge man, des hulfen noch diu wip.

2   Nu bin ich iedoch   fro und muoz bi fröiden sin   L. 98, 6/7 (C 92)
    durch die lieben, swiez dar under mir ergat.
    Min schin ist hie noch: sost bi ir daz herze min,
    daz man mich vil ofte sinnelosen hat.

    4, 1 vil erg. Wa., Kr.: fehlt in BC, L.;   2 Ain úch BC;   4 gekleidet C;
5 Sinne B; gestemphet C;   6 Getragenú C;   7 Wan erg. Wa., Kr.: fehlt
in BC, L.; Dis C;   9 wunnecliche B: riche C;
    85. L.-Kr. schreiben Zeile 1 und Zeile 3 als je zwei eigene Zeilen.
    1, 5 in fehlt in C;   8 noch Wa., Br.: noh C: iu L.-Kr.;
    2, 1 iedoch L.-Kr., Br.: e doch C: ienoch Wa.;   3 bi ir C: bi stellt Kr.
in die nächste Zeile vor daz;   4 vil erg. Wa., Br.: fehlt in C., L.-Kr.;

  5 Hei, solten si zesamene komen,
   min lip, min herze, ir beider sinne!
   daz si des vil wol wurden inne,
   die mir dicke fröide hant benomen.

3 Vor den merkaeren kan nu nieman liep geschehen, L. 98, 16/7
  wan ir huote twinget manegen werden lip. (C 93)
  Daz muoz beswaeren mich: swenn ich si solte sehen,
  so muoz ich si miden, si vil saelic wip.
  5 Doch müeze ich noch die zit geleben,
   daz ich si willic eine vinde,
   so daz diu huote uns beiden swinde:
   da mir wurde liebes vil gegeben.

4 Vil maneger fraget mich der lieben, wer si si, L. 98, 26/7 (C 94)
  der ich diene und allez her gedienet han.
  So des betraget mich, so spriche ich: „ir sint dri,
  den ich diene: so hab ich zer vierden wan."
  5 Doch weiz si ez alleine wol,
   diu mich hat sus zuo zir geteilet.
   diu guote wundet unde heilet,
   der ich vor in allen dienen sol.

5 Nu, frowe Minne, kum si minneclichen an, L. 98, 36/7 (C 95)
  diu mich twinget und also betwungen hat.
  Brinc si des inne, daz diu minne twingen kan:
  waz ob minneclichiu liebe ouch sie bestat? L. 99, 1
  5 So möhtes ouch gelouben mir
   daz ich si gar von herzen meine!
   nu, Minne, bewaere irz und bescheine,
   daz ich iemer gerne diene dir!

  2, 5 Hie solten C: Hei solten Kr., Br.: Solten Wa.; 6 min herze C, L., Wa.: diu herze Kr.; 7 Daz si des wol C, L., Br.: Und daz si des wol Wa.: Daz si des niene Kr.
  3, 1 niemanne C; 5 noch müez ich die Wa.; 8 Da mite wurde mir C: Da mite mir wurde L.-Kr.; Br.: Da mir wurde Wa.;
  4, 4 Dien ich diene C; 5 sis C; siz L.-Kr., Wa., Br.;
  5, 3 diu minne L.s Anm., Wa., Kr.: werdiu m. C, L.; 5 So möhtes C, L.-Kr., Br.: So macs Wa.;

86. Gegen die lügenaere

1 Min frowe ist underwilent hie: L. 44, 11 (B 60. C 148. E 151. O 3)
so guot ist sie, als ich des waene wol.
Von ir geschiet ich mich noch nie:
ist daz ein minne dandern suochen sol,
5 So wirt si vil dicke ellende   mit gedanken als ich bin;
min lip ist hie, so wont bi ir min sin.
der wil von ir niht, daz ist ein ende.
nu wolde ich, er taete ir guote war
und min dar umbe niht vergaeze.
10 waz hilfet, tuon ich dougen zuo? so sehent si durch min herze dar.

2 Ich lepte wol und ane nit,   L. 44, 23 (B 61. C 149. E 148)
wan durch der lügenaere werdekeit.
Daz wirt ein lange wernder strit:
ir liep muoz iemer sin min herzeleit.
5 Ez erbarmet mich vil sere   dazs als offenliche gant
und niemen guoten unverworren lant.
unstaete unde schande, sünde, unere,
die ratents iemer swa mans hoeren wil.

Wa. hat die vier Strophen als echt erkannt, aber noch nicht als Lied zusammengefaßt. Das tut Kraus, und zwar in der hier gegebenen Folge. Brinkmann setzt auch ein Lied an, folgt aber in der Strophenordnung der Hs. E.
Wa. druckt Zeile 9/10 als eine Zeile (mit zwei Zäsuren); Kr. teilt auch Zeile 10 in zwei Teile. Zeile 5 drucken alle Hgg. als zwei Zeilen ab.
1, 1 underwil(e)n EO;   2 als (daz O, Br.) ich d. w. w. EO, Hgg.: des waene (wenne C) ich wol BC;   3 Wenne ich geschiet noch nie von ir E: Min hertze ne schiet von ir noch nie O: Min herze enschiet von ir noch nie Br.;   4 Und ist BC; die andern BCEO; sol fehlt in O;   5 vil fehlt in BCO; gedaenken B;   6 so wont bi ir min BC: bi ir so wonet der O: so wonet dort mit gedanken min E;   7 Herne wil O; das ist BCEO: dêst L.-Kr., Br.: deist Wa.;   8 wolde ich Wa.: wolt ich BC, L.-Kr.; getaete Wa.; Nu wölte ich daz er ir neme guote (g. fehlt in O) war EO; Nu wolte ich daz er naeme ir güete war Br.; dar umbe BC, L.-Kr., Wa.: dor under EO: dar under Br.; nene O;   10 Nu was BC; Waz dan al tuon O; Waz dan tuon ich diu o. Br.; dú ougen BCE: min augen E; so siht sie doch durch daz hertze dar E: so sicht iedoch myn hertze dar O, Br.
2, 1 lebet ie wol E;   2 durch fehlt in E;   3 langer CE, L.: lange BO, Wa., Kr., Br.; 4 Ir hertzeliep E; min lait BC; Das sú BC: Daz E; gan E; 6 guoter C: guotes E; unbeworren lan E;   7 unde fehlt in den Hss.; schande sünde BO: schaden sünde C: sünde. schande E;   8 Die raten sie swa man sie gerne hoeren wil E;

owe daz man si niht vermidet!
10 daz wirt noch maneger frouwen schade und hat verderbet herren
vil.

3   Noch dulde ich tougenlichen haz   L. 171, 1 (E 149. O 2)
von einem worte daz ich wilent sprach.
Waz mac ichs, zürnents umbe daz?
ich wil nu jehen, des ich e da jach.
5 Ich sanc von der rehten minne   daz si waere sünden fri.
der valschen der gedahte ich ouch da bi.
unde rieten mir die mine sinne
daz ich si hieze unminne, daz tet ich.
nu vehent mich ir undertane.
10 als helfe iu got, werde ich vertriben, ir frouwen, so behaltet mich.

4   Mac ieman deste wiser sin   L. 171, 13 (E 150. O 1)
daz er an siner rede vil liute hat.
Daz ist an mir vil kleine schin:
ez gat diu werlt wol halbe an minen rat
5 Unde bin doch so verirret   daz ich lützel hie zuo kan.
ez mac wol helfen einem andern man.
doch ich merke wol daz ez mir wirret,
und wil die friunt erkennen iemer me
die guote maere niht verkerent.
10 wil ieman loser mit mir reden, in mac, mir tuot das houbet we.

3, 1 dulte E, Wa.; haz O: schaden E. L., der O noch nicht kannte, hatte bereits *haz* konjiziert;   3 Waz mac ich zürnen E, L.: Waz denne al tzürnent sie O: Waz mac ichs zürnentz Wa., Kr.;   4 Nu fehlt in E, L.: Wa. ergänzte *noch*; daz ich wilnt iach E, L., Wa.: als ich do iach O: des ich e da jach Kr.;   6 das zweite *der* fehlt in E: bereits von L., Wa. erg., von O bestätigt;   7 Do r. O, Br.: Und r. E, L.-Kr., Wa.; mir die mynne sinne O: mine s. E, L.: mir des mine s. Wa.;   9 undertanen O: undertan E: undertane L.-Kr., Wa.;   10 als E, L.,Wa.: So O, Kr.
4, 3 mir vil kl. O: mir nu kl. E: mir cleine worden Wa.;   4 so E, L.-Kr., Wa.: Die werlt wol halp get an m. r. O: Diu w. w. halber gat an m. r. Br.;   5 Uñ bin ich doch E: Und bin idoch L.: Unde bin iedoch Wa.: Und bin doch so Kr.: Und hat mich O: Unde hat mich doch Br.; so E, L.-Kr.: deich ein lützel hie zuo k. Wa.: Daz ich ie tzo lutzel kan O: Daz ich ie zuo lützel k. Br.;   6 Daz mac Wa.; einen O, Br.;   7 Ich E, O, Hgg.: *Doch ich* versucht die fehlende Hebung zu erg.;   8 vriunt O, L.,Wa.: friunde E, Kr.; nu baz erk. E, L., Wa.; Wa. str. *iemer*;   9 niht fehlt in O; 10 ichn mac E, L.-Kr., Br.: ene mac O: in mac Wa.;

87. Zwiefach verschlossen

1 Waz hat diu welt ze gebenne   liebers danne ein wip,   L. 93, 19
  daz ein sende herze baz gefröwen müge?   (C 74)
  Waz stiuret baz ze lebenne   danne ir werder lip?
  ich enweiz niht daz ze fröiden hoher tüge.
  5 Swenne so ein wip von herzen meinet
  den der ir wol lebt ze lobe,
  da ist ganzer trost mit fröiden underleinet:
  disen dingen hat diu welt niht dinges obe.

2 Min frowe ist zwir beslozzen,   der ich liebe trage,   L. 93, 29
  dort verkluset, hie verheret da ich bin.   (C 75)
  Des einen hat verdrozzen   mich nu manege tage:
  so git mir daz ander senelichen sin.
  5 Solt ich pflegen der zweier slüzzel huote,
  dort ir libes, hie ir tugent,
  disiu wirtschaft naeme mich uz sendem muote,
  und naem iemer von ir schoene niuwe jugent.

3 Waenet huote scheiden   von der lieben mich,   L. 94, 1
  diech mit staeten triuwen her gemeinet han?   (C 76)
  Solhe liebe leiden,   des verzihe sich:
  ich dien iemer uf den minneclichen wan.
  5 Mac diu huote mir ir libes pfenden,
  da habe ich ein troesten bi:
  sin kan niemer von ir liebe mich gewenden.
  twinget si daz eine, so ist daz ander fri.

---

87. Zeile 1 und 3 von L.-Kr. in je zwei Zeilen zerlegt, von Wa., Br. als je eine Zeile gefaßt.
  1, 4 In weis C: In (Ine Wa.) weiz L.-Kr., Wa.: Ich enweiz Br.; ze allen fröiden L.-Kr., Wa.; Punkt nach *tüge* Jellinek, Kr.: Komma nach *tüge* L., Wa., Br.;   5 so erg. Kr.; Denne swa ein Br.; Swenne ein saelic wip Wa.; L. mit C ohne *so*;   6 nach *lobe* Punkt L., Wa., Br.: nach *lobe* Komma Jellinek, Kr.;
  2, 2 verherret C;
  3, 1 Wie waenet Wa.;   2 Diech Wa., Kr.: Die ich C, L.;   3 So groze liebe Wa.;

88. Hildegunde

1 Die mir in dem winter fröide hant benomen,   L. 73, 23 (A 116.
 si heizen wip, si heizen man: C 369 [385]. E 55)
 Disiu sumerzit diu müez in baz bekomen,
 ouwe daz ich niht fluochen kan.
 5 Leider ich enkan niht mere
 wan daz übel wort „unsaelic": neina, daz waer alze sere!

2 Zwene herzeliche flüeche kan ich ouch: L. 73, 29 (A 117.
 die fluochent nach dem willen min.   C 370 [386]. E 56)
 Hiure müezens beide esel unde gouch
 gehoeren e si enbizzen sin.
 5 We in denne, den vil armen!
 wess ich obe siz noch geruwe, ich wolde mich dur got erbarmen.

3 Wan sol sin gedultic wider ungedult,   L. 73, 35 (A 118.
 daz ist den schamelosen leit.   C 260 [278])
 Swen die boesen hazzent ane sine schult,
 daz kumt von siner frümekeit.   L. 74, 1
 5 Troestet mich diu guote alleine,
 diu mich wol getroesten mac, so gaebe ich umbe ir niden kleine.

4 Ich wil al der werlte sweren uf ir lip,   L. 74, 4 (A 119.
 den eit sol si vil wol vernemen: C 261 [279])
 Si mir ieman lieber, maget oder wip,
 diu helle müeze mir gezemen.
 5 Hat si nu deheine triuwe,
 so getruwet si dem eide und senftet mines herzen riuwe.

1, 1 mir disen winter E;   3 diu fehlt in E; müez L.: muoz ACE;
4 nit gefluochen E;   5 kan E.
 2, 1 herzeliebe A: herzekliche C; doch E;   2 vliehent E;   3 so Simrock,
Braune, Beitr. 40, 345 f., u. Kr.: esel unde gauch E: esel und den gouch
AC, Wa.: 'esel' und 'der gouch' L.;   4 Hoeren AC;   5 ime denne dem AC;
6 ich denne ob E;
 3, 4 kúmet A: kumet Wa.
 4, 1 uf A: umbe C;   2 sol si wol AC: sol si vil wol L.-Kr., Br.: den sol
si wol Wa.;   6 und senftet Bartsch, Kr.: und entstet C, L., Br.: und en-
stet A, Wa.; mines AC: mins L., Wa., Br.

5 Herren unde friunt, nu helfet an der zit: L. 74, 10 (A 120.
   daz ist ein ende, ez ist also.   C 371 [387]. E 57)
   In behabe minen minneclichen strit,
   ja enwirde ich niemer rehte fro.
 5 Mines herzen tiefiu wunde
   diu muoz iemer offen sten, si enküsse mich mit friundes munde.
   Mines herzen tiefiu wunde
   diu muoz iemer offen sten, si enheiles uf und uz von grunde.
   mines herzen tiefiu wunde
10 diu muoz iemer offen sten, sin werde heil von Hiltegunde.

89. Wânwîse

1 Ich wil nu mer uf ir genade wesen fro   L. 184, 1 (E 178. O 17)
   so verre als ich mit gedanken iemer mac.
   Ichn weiz ob allen liuten rehte si also:
   nach eime guoten kumt mir ein so boeser tac.
 5 So ich ze fröiden niht enkan,
   so troestet waenen: des pflac ich von kinde gerner denne ie man.
   In ruoche wer min drumbe lachet:
   zeware wünschen unde waenen hat mich dicke fro gemachet.

2 Ich wünsche mir so werde daz ich noch gelige   L. 184, 11 (E 179)
   bi ir so nahen deich mich in ir ouge ersehe.

5, 1 nu ratent mir (ohne an der zit) E;   2 Das ist C: Daz A: Ez ist E;
3 Ich enbúte ú (enbúten dir A) minen AC, L. mit Punkt nach *strit*: In be-
halde minen E, Br. mit Strichpunkt nach *strit*: In behabe minen Wa., Kr.;
4 Io enwirt ich A: Ichn wirde E;   5 tieffen wunden E;   6 Muezzen
immer E; stan CE; es enkússe mich C;   7–10 fehlen in E;   8 sten fehlt
in C; enheiles A: enheile es C.
   89. Das Lied ist von L. zwar als „z. T. gewiß echt" bezeichnet, aber in die
Anm. verwiesen. Wa. hat es als echt genommen, Kr. die hier gegebene Auf-
teilung in zwei Lieder überzeugend dargelegt; vgl. Unters. 247 ff. Kr. setzt
in Zeile 6 und 8 je zwei Vierheber durch Zäsur ab.
   1 In der Hs. O steht nur Zeile 1 und Teile von Zeile 3 (s. u.).
   1, 2 mit gedanken erg. Kr.: ir gedenken erg. Wa.;   3 rehte erg. Kr.
6 So troestet waenen Kr.: So get ez an ein scheiden E: ezn si von wünschen
Wa.;   7 dor üm E: dar umbe Kr.: drumbe Wa.;   8 mich dicke E: mich
vil dicke Kr.: daz hat mich dicke Wa.
   2, 1 mir erg. Wa., Kr.: fehlt in E: gelege E;   2 so Kr.: daz ich in ir
auge sehe E: deich mich in ir ougen sehe Wa.;

Und ich ir also volleclichen an gesige,
swes ich si denne frage, daz si mirs verjehe.
5 So spriche ich: „wiltus iemer me
beginnen, du vil saelic wip, daz du mir aber tuost so we?"
So lachet si vil minnecliche:
wie nu, swenne ich mir so gedenke, bin ich niht von wünschen riche?

3 Min ungemach, daz ich durch sie erliten han   L. 184, 21 (E 180)
swenn ich mit senenden sorgen also sere ranc:
Sol mich daz also kleine wider si vervan,
han ich getruret ane lon und ane danc,
5 So wil ich mich gehaben baz:
waz ob ir fröide lieber ist dan truren si, ich wünsche ouch daz.
Und sint ir denne beide unmaere,
so spilte ich denne des einen gerner jens daz gar verloren waere.

90. Abwehr
(Ich wil niht me uf ir genade wesen fro)

1 Mir ist min erre rede enmitten zwei geslagen,   L. 61, 33 (B 89. C 221)
daz eine halbe teil ist mir verboten gar.
Daz müezen ander liute singen unde sagen:
ich sol ab iemer miner zühte nemen war
5 Und wünneclicher maze pflegen:
umb einez daz si heizent zuht laz ich vil dinges under-
                        wegen.   L. 62,1/2
Enmag ich des niht me geniezen,
stet ez als übel uf der straz(e), so wil ich mine tür besliezen.

2, 8 mir nu so E: mir so Wa., Kr.; bin ich von w. denne niht riche E: bin ich von wünschen niht der riche Wa., Kr.;
3, 6 so Kr.: ir denne lieber ist Min fraude Denne min truren ich E: ir freude lieber ist dan truren? seht, ich Wa.;   8 denne des einen gerner denne jens daz do gar verlorne E: doch des einen gerner dan jenez daz verlorne Wa.: doch des einen gerner dan jens daz gar verloren Kr.
90. Vgl. die Vorbemerkung zum vorausgehenden Lied, zu dem Wa. Str. 2 noch zieht. Die Überschrift steht in den Hss. BC.
1, 1 erre erg. L.: fehlt in BC;   6 so Kr.: daz si heizent ere BC, L.: heizet ere Wa.; vil B: fehlt in C: noch vil Wa.;   7 Enmag Kr.: Mag BC, L.: Und mag Wa.; ich B: si C; me B: fehlt in C.

2   Owe, daz mir so maneger missebieten sol,   L. 185, 31 (E 181)
daz klage ich hiute und iemer rehter hövescheit.
Ir ist doch lützel den ir schapel ste so wol,
ern fünde im ouch ein harte swerendez herzeleit,
5 Und waere er von ir anderswa
wan dar ich gernde bin. daz ist der schade, er waere ouch gerne da.
Des muoz ich missebieten liden,
iedoch swer sine zuht behielt, dem stüende ein schapel wol von siden.

2, 1 manegiu L.;   4 so Kr.: Ich enfünde in doch ein hertze werendez (herze berendez L. nach Haupt) leit E, L.: Ich fünde in doch ein lange werendez herzeleit Wa.;   5 er von ir Kr.: er von in E: et von in L.: von in Wa.;   6 so Kr.: Wenne daz ich gerne bi ir (in L.) bin. Daz ist d. sch. ich bin oc g. (et *ohne* g. Wa.) da E, L., Wa.   8 behielte E, Wa., Kr.

VI. Späte Lieder
(nebst zeitlich unsicheren)

91. Tagelied

1 Friuntlichen lac
    ein riter vil gemeit
      an einer frouwen arme.
  er kos den morgen lieht,
5   do er in dur diu wolken
    so verre schinen sach.
  Diu frowe in leide sprach: „we geschehe dir tac,
  daz du mich last bi liebe
    langer bliben nieht:

                                            L. 88, 9 (A 31. C 53)

91. L.-Kr. drucken keine Langzeilen; Wa., P., Br. fassen nur die Zeilen 3/4 und 5/6 sowie 8/9 und 10/11 zusammen, zerlegen dagegen unsere Zeile 7.
  1, 1 Frúntliche C: Friuntlichen A, Wa., Kr.: Friwentlichen L.;   3 arn C; 5 die A;   6 so fehlt in C;   7 owe A;   9 beliben C; niet AC;

10   daz si da heizent minne
    deis niewan senede leit."

2   „Friundinne min,   L. 88, 21 (A 32. C 54)
        du solt din truren lan
        ich wil mich von dir scheiden;
    daz ist uns beiden guot:
5   ez hat der morgensterne
            gemachet hinne lieht."
    „Min friunt nu tuo des nieht,   la die rede sin,
    daz du mir iht so sere
        beswaerest minen muot,
10   war gahest also balde?
    ez ist niht wol getan."

3   „Frowe, nu daz si,   L. 88, 33 (A 33. C 55)
        ich wil beliben baz.
        nu rede in kurzen ziten
    allez daz du wil,
5   daz wir unser huote
            triegen aber als e."
    „Min friunt, daz tuot mir we,   e ich dir aber bi   L. 89, 1/2
    gelige, miner swaere
        derst leider alze vil:
10   nu mit mich niht ze lange.
    vil liep ist mir daz."

4   „Daz muoz also geschehen   L. 89, 7 (A 34. C 56)
        daz ich es niene mac,
        sol ich dich, frowe, miden
    eines tages lanc,
5   so enkumt min herze
            doch niemer von dir."

1, 11 Deis: DcA: Dc ist C.
2, 1 Fründinne AC, Wa., Kr.: Friwendinne L.; trúren A;   6 Hie inne gemachet lieht C;
8, 1 Frowe nu sich C, L., Wa.: Frowe nu A: Frowe min, nu si Pf., Kr.: Frowe nu daz si Br.;   4 daz fehlt in A;   7 e bi dir aber ich L., Wa.;   8 Punkt nach *gelige* L.;   9 der ist AC.;   10 ze fehlt in C
4, 1 ez A: es C;   5 Jo enkumet A, Wa.: So enkumt C; niemir A;

„Min friunt, nu volge mir: du solt mich schiere sehen,
   ob du mir sist mit triuwen
      staete sunder wanc.
10   owe der ougenweide!
   nu kiuse ich den tac."

5 „Waz helfent bluomen rot,   L. 89, 19 (A 36. C 58)
      sit ich nu hinnen sol,
         vil liebe friundinne?
      die sint unmaere mir,
5   reht als den vogellinen
         die winterkalten tage."
   „Friunt, dest ouch min klage   und mir ein wernde not.
      jon weiz ich nicht ein ende,
         wie lange ich din enbir.
10   nu lige eht eine wile:
      son getaet du nie so wol."

6 „Frowe, ez ist zit,   L. 89, 31 (A 35. C 57)
      gebiut mir, la mich varn!
         ja tuon ichz dur din ere,
      daz ich von hinnen ger:
5   der wahter diu tageliet
         so lute erhaben hat."
   „Friunt, wie wirt es rat?   da laze ich dir den strit.
   Owe des urloubes,
      des ich dich hinnen wer!
10   von dem ich habe die sele,   L. 90, 1
      der müeze dich bewarn!"

   4, 9 staete fehlt in A;   10 ougen wᵉde C;   11 kus A, L.-Kr., Wa.:
kúse C, Br.;
   5, 3 liebiu L.-Kr.;   5 Rehte alse A; dien vogeln C;   9 din C: bin A;
11 son getet du C: so engetete du A: son taet L.: son getaet Wa., Kr.
   6, 3 Jo A; von hinne A, Wa.;   5 Der w. dú tagel. AC, L.-Kr., Wa.: Diu
tageliet der wahtaer Br.; lúte A;   7 Fründin wie wart *(zu* wirt *verbessert)* A:
Fründen wie wirt C; dc laz A;   9 dir hinnan C;

7 Der riter dannen schiet,   L. 90, 3 (A 37. C 59)
    do sente sich sin lip,
      und liez ouch sere weinde
   die schoenen frowen guot:
5   doch galt er ir mit triuwen
      dazs ime vil nahe lac.
   Si sprach: „swer ie gepflac   ze singen tageliet,
   der wil mir wider morgen
     beswaeren minen muot:
10   nu lige ich liebes ane
   reht als ein senede wip."

92. Gegen die Merker

1 Si fragent unde fragent aber alze vil   L. 63, 32 (B 98. C 232.
   von miner frowen, wer si si.   a 13. G 14)
   Daz müet mich so daz ichs in allen nennen wil:
   so lant si mich doch danne fri.
5 Genade und ungenade, dise zwene namen
   hat min frowe beide, und sint ungelich:
   der ein ist arm, der ander rich: L. 64, 1
   der mich des richen irre, der müez sich des armen schamen.

    7, 2 senede A;   3 weinende C;   6 de ime A: das im C;   7 ze sin-
genne C;   8 Mir der wil AC, L.: Der wil mir Wa., Kr.;   10 liebes eine
A, Wa.
    92. Die Einheit des Lieds hat Kraus, Germanica 504 f. hergestellt; er hat
auch die hier angenommene Reihenfolge der Strophen vorgeschlagen. L.
nahm zwei Lieder an (I = Str. 1 und 2; II = Str. 4 und 3 als Wechsel;
so R. Meißner ZfdA. 65, 217 f.). Wa. stellte jede Strophe für sich. Br. nimmt
ein Lied an, aber in der Strophenfolge 4. 2. 1. 3. — Eine Zusatzstrophe s.
Anhang I, S. 147! Die letzte Zeile zerlegen L.-Kr. und Br. in zwei Vierheber;
Wa. setzt Zäsur an. Str. 1 und 2 stehen in Hs. a zwischen Liedern Rubins.
    1, 1 und gefragent B; aber: laider G; al fehlt in C;   3 müget a; daz
ichs: da ichs G; in fehlt in a; nemmen B;   4 Und lazen (lazem a) mich a G;
danne: dar nach a;   5 Gnad G; di G;   6 Die hat a; die sint a, L.-Kr.,
Br.: si sint G: und sint BC, Wa.;   7 arn a;   8 ierren B;   müsse BC:
muose a: müeze L.-Kr.,Wa., Br.: muez G;

2   Die schamelosen, liezen si mich ane not,   L. 64, 4 (B 84. C¹ 218.
    son hät ich weder haz noch nit.   C² 233. E 162. a 14.
    Nu muoz ich von in gan, als unzuht mir gebot.   G 13)
    ich laze in laster unde strit.
5 Do zuht gebieten mohte, owe, do schuof siz so:
    tusent werten einem ungefüegen man,
    unz er vil schone sich versan
    und muost et sich versinnen: so vil was der gefüegen dar.

3   Ich wil der guoten niht vergezzen noch ensol,   L. 64, 22 (B 99. C 231.
    diu mir so vil gedanke nimet.   E 164. G 15)
    Die wile ich singen wil, so vinde ich iemer wol
    ein niuwe lop daz ir gezimet.
5 Nu habe ir diz für guot: so lobe ich danne me.
    ez tuot in den ougen wol daz man si siht,
    und daz man ir vil tugende giht,
    daz tuot in oren wol, so wol ir des und we mir, we!

4   Swie wol diu heide in manicvalter varwe stat,   L. 64, 13 (B 100.
    so wil ich doch dem walde jehen   C 230. E 163. G 16)

     2, 2 Son E: So BC a G, Wa.; hat E: hette B: hete C¹: het C²: hiet G: enhet a, Wa.;   3 Ich det alse mir du z. a; von: bi G; gen EG; also E: als BC: als mir G; als unzuht mir Meissner, Kr.: also diu zuht L.: als mir diu zuht Wa.; *alle Hss. schreiben hier*: diu zuht; mir fehlt in BCE;   4 Ich laze: Ich liesz a, Wa.: Nu habn G; in: ir G;   5 Da zucht G; owe do (da G) EG, Kr.; sehet do a, L., Wa., Br.: wie BC; so Ba: also G: do C: zuo E;   6 Daz tausent G: Daz hundirt a: Hundert Wa.; warten eime gefuogen E; ainē CG; ungefuegem B;   7 vil schone sich a, Wa., Br.: so schoen sich C: sich schone E: schone sich BG, L.-Kr.;   8 fehlt bis *versinnen* in E; Und muose et O, Kr.: Und muose BC¹, L.: Und muese C²: Do muose er a, Wa., Br.: Ouch muest er G; der ungefuegen C²; da G.
     3, 1 Ich mac E, L., Wa., Br.;   2 gedaenke B: gedanchen G;   3 singen wil BCE: singe G, Wa.; so vinde ich BCG: ich vinden E: wil ich vinden Wa.; vol C;   4 Ein newez lop daz G: Ainen núwen lop der BC;   5 Nem ditz lob so lob G; dis fúr guot C: dis verguot B: daz für guot E;   6 wol in den o. daz G; 7/8 fehlen in E;   7 Daz man ir t. G; tugnt G: tugenden B;   8 in den o. wol G: wol in den oren BC, L.-Kr., Wa., Br.; und we BC, Kr., Br.: und owe G: so we E, L., Wa.
     4, 1 so Pf., Kr., Br.: Swie wol diu haide in manger hande (maniger BC) BCG: Wie wol der heide ir manicvalte (-iu L., Wa.) E, L., Wa.; varwe fehlt in G;   2 muez G; doch fehlt in E;

daz er vil mere wünneclicher dinge hat:
noch ist dem velde baz geschehen.
5 So wol dir, sumer, sus getaner hövescheit!
sumer, daz ich iemer lobe dine tage,
din trost nu troeste mine klage.
ich sage dir waz mir wirret: daz mirst liep, dem bin ich leit.

93. Gegen die dörperlichen Sänger

1   Owe, hovelichez singen,   L. 64, 31 (C 112)
daz dich ungefüege doene
solten ie ze hove verdringen!
daz die schiere got gehoene!
5 Owe daz din wirde also geliget!
des sint alle dine friunde unfro.
daz muoz also sin, nu si also!
fro Unfuoge, ir habt gesiget.

2   Swer uns fröide wider braehte,   L. 65, 1 (C 113)
diu reht und gefüege waere,
hei wie wol man des gedaehte,
swa man von im seite maere!
5 Ez waer ein vil hovelicher muot.
des ich iemer gerne wünschen sol.
frowen unde herren zaeme ez wol:
owe, daz ez nieman tuot!

4, 3 mere fehlt in E; me BC; diuge BC: varwe E; Durch daz er also vil der guten dinge hat G;   4 So ist BC: Des ist G; walde G;   5 Owol G; in BC fehlt *sumer* bis *höveschait*; sus getaner E: also manger G; hofschait G: höveschait Kr., Br.: hochgezit E: arebeit J. Grimm, L.: emzecheit Wa. (alle drei vor der Entdeckung von G!);   7 Trost nu (so E) troeste (tr. ouch E) meine chlage EG: Troeste mit troste mine clage BC: Trost, so troeste (troeste ouch L) mine kl. L.-Kr.: Din trost der troeste ouch m. kl. Wa.: Nu troeste, trost, ouch m. kl. Br.;   8 dirs uf gnade (genade C) BC; waz mir wirret fehlt in BC; daz (der E, L., Wa., dú BC) mir ist BCEG, L.-Kr., Wa., Br.; den EG: der BC.
    93. Dazu vgl. Wiessner, ZfdA 84 (1953) 241 ff.
    1, 4 die L.-Kr., Wa.: dich C;   7 muoz eht also C, L.-Kr.: muoz eht so Wa.: muez also Br.
    2, 1 Swer Wiessner: Der C, L.-Kr.   2 rehte C.

3 Die daz rehte singen stoerent,   L. 65, 9 (C 114)
   der ist ungeliche mere
   danne die ez gerne hoerent:
   noch volg ich der alten lere.
 5 Ich enwil niht werben zuo der mül.
   da der stein so riuschent umbe gat
   und daz rat so mange unwise hat:
   merket, wer da harpfen sül!

4 Die so frevellichen schallent,   L. 65, 17 (C 115)
   der muoz ich vor zorne lachen,
   dazs in selben wol gevallent
   mit als ungevüegen sachen.
 5 Die tuont sam die frösche in eime se.
   den ir schrien also wol behaget,
   daz diu nahtegal da von verzaget,
   so si gerne sunge me.

5 Swer unfuoge swigen hieze,   L. 65, 25 (B 101. C 116)
   waz man noch von fröiden sunge,
   und si abe den bürgen stieze,
   daz si da die fron niht twunge!
 5 Wurden ir die grozen höve benomen!
   daz waer allez nach dem willen min:
   bien geburen liez ich si wol sin,
   dannen ists och her bekomen.

94. Entsagung

1 Ich bin als unschedeliche fro,   L. 41, 13 (B 49. C 135. E 13)
   daz man mir wol ze lebenne gan.
   Tougenliche stat min herze ho:
   waz touc zer welte ein rüemic man?

3, 4 Noch Kr.: Doch C, L., Br.: Des Wa.;
4, 1 frevenlichen C;   6 also L.: so C.
5, 1 Der C; ungefuoge B: ungefuege C;   2 Was man danne fuoge funde C;
3 abe B: von C;   4 da die fron L.-Kr.: da von B; Das unfuoge da verswunde C;   5 in B; die edelen habe C;   7 Bi den B, L.-Kr.: Die C: Bien Wa.: Bi Br.;   8 ists L.-Kr.: ist si BC; och fehlt in C, dem Br. folgt; komen B.
94. Wa. trennt Str. 1. 2 von 3–5 ab; Br. vertauscht Str. 1 und 2; Simrock setzte die 4. Strophe an letzte Stelle.
1, 3 Tugentlichen E; fro E;   4 tougt B;

    5 We den selben, die so manegen schoenen lip
      habent ze boesen maeren braht!
      wol mich, daz ichs han gedaht,
      ir sult si miden, guotiu wip.

2   Ich wil guotes mannes werdekeit   L. 41, 21 (B 50. C 136. E 12)
     vil gerne hoeren unde sagen.
     Swer mir anders tuot, daz ist mir leit:
     ich wilz ouch allez niht vertragen.
    5 Rüemaere unde lügenaere, swa die sin,
     den verbiute ich minen sanc,
     und ist ane minen danc,
     obs also vil geniezen min.

3   Maneger truret, dem doch liep geschiht,   L. 41, 29 (C 137. E 14)
     ich han ab iemer hohen muot,
     Und enhabe doch herzeliebes niht:
     daz ist mir also lihte guot.
    5 Herzeliebes, swaz ich des noch ie gesach,
     da was herzeleide bi.
     liezen mich gedanke fri,
     son wiste ich niht umb ungemach.

4   Als ich mit gedanken irre var,   L. 41, 37 (B 51. C 138. E 15)
     so wil mir maneger sprechen zuo.
     So swig ich und laze in reden dar: L. 42, 1
     waz wil er anders daz ich tuo?
    5 Hete ich ougen oder oren danne da,
     so kund ich die rede verstan:
     swenne ich beider niht enhan,
     so kan ich nein, so kan ich ja.

    1, 5—8 ist in C mit den gleichen Zeilen der Str. 2 vertauscht;   5 die so BC, L.-Kr., Wa.: waz sie E, Br.;   7 is E;   8 fehlt in B.
    2, 1 Man sol E, Br.;   3 Der mir E;   4 Ich mac es alles niht verdagen E: Ich mac ouch allez niht vertragen Br.;   7 Ez ist E;   8 Daz sicz als vil E, Br.
    3, 1 lieb C: wol E;   3 Hertze liebes des enhan ich niht E;   5 Herzelieb C; gewan E;   6 hergeleit mir bi C;   8 So weste E; um E.
    4, 1 gedaenken B; irre C: ierre B: ümme E;   4 daz ich anders E;
7 Swenne ich ir beider niht (niht ir beider han B, L., Wa.) enhan BC, L., Wa., Kr.: Sit ich des nu nit enhan E.

5 Ich bin einer der nie halben tac   L. 42, 7 (C 139)
   mit ganzen fröiden hat vertriben.
   Swaz ich fröiden ie da her gepflac,
   der bin ich eine ie beliben.
5 Nieman kan hie fröide vinden, si zerge
   sam der liehten bluomen schin.
   da von sol daz herze min
   niht senen nach valschen fröiden me.

95. Ein Kunststück

Ich minne,   sinne,   lange zit,   L. 47, 16 (A 27 „Reimar". B 71.
versinne   Minne   sich,   C 160)
wie si schone   lone   miner tage.
Nu lone   schone,   dest min strit:
5 vil kleine   meine   mich,
niene meine   kleine   mine klage.
Unde rihte   groz unbilde
daz ein ledic wip
mich verderbet   gar ane alle schulde.
10 Zir gesihte   wird ich wilde:
mich enhabe ir lip
fröide enterbet,   noch ger ich ir hulde.
Waere   maere   staeter man,
so solte,   wolte   si, mich an
15 eteswenne   denne   gerne sehen,
so ich gnuoge   fuoge   kunde spehen.

5, 7 Des ensol daz Wa.;   8 niht fehlt in C; sich senen Wa.;
95. Vgl. die Zusatzstrophe im Anhang I, S. 148! Abteilung der Zeilen nach Huisman.
1 sinne A: si nu BC;   2 Versinnete BC;
3 schoene C; min A;   4 Nu BC, L.-Kr.: So A, Wa., Br.; dest A: das ist B: so ist C;   6 Niht zecleine mine clage A;   7 Gros BC, L.-Kr.: Selch A, Wa.: Solch Br.;   8 selic A;   9 alle *ergänzt* Mi., Huisman;   10 Wirt ich A: Werde ich BC;   12 fehlt in A; Fröide BC, L., Wa., Br.: Der Kr.; enterbet: an gerbet L. Anm.; ich ir h. BC, Mi., Huisman: ich der vil h. A: str. L.-Kr., Wa.;   14 an B: han A: lan C;   15 Etwenne C; gerne A, Wa., Br.: ouch BC, L.-Kr.;   16 So ich B: Swenne ich A, Br.: So C; Kunnen C.

Anhang I:

Zusatzstrophen zu echten Liedern

Zum Lied 44: „Winter" (L. 39, 1)

3   Wolte der winter schiere zergan,   L. 167, 1 (E 192)
so liez ich al mine sorge diech han.
anders hat er mir niht übels getan,
wan daz er lenget den lieben wan:
5 mir sol ein freude in dem meien enstan.

4   Ich wünsche daz der winter zerge,   L. 167, 6 (E 193)
wan er enhat der freude niht me,
wan kalten wint dar zuo regen und sne,
daz tuot den ougen unsanfte we:
5 saelic si grüene loup unde cle!

5   Swaz mir nu wirret, des wirt allez rat: L. 167, 11 (E 196)
swie mir der muot bi der erden nu stat,
noch kumet daz in die sunnen er gat.
tuot man daz man gelobet mir hat,
5 owe, wie ho denne min herze stat!

Zu Lied 54: „Was ist Minne?" (= L. 69, 1)

5   Ich wil also singen immer,   L. 190, 1 (E 160. F 48. O 15)
daz si danne sprechent er ensanc nie baz.
Des gedankest du mir nimmer:
daz verwise ich dir alrest, so denne daz.

3, 1 Wölt E: Wolte Mi.; schier E: schiere Mi.,   2 so Kr., Mi. (alle Mi.): alle min sorge die ich E;   3 übels *erg.* Kr.;   4 Wan Mi.: Wenne E; 5 freude in dem m. Mi.: fraude mitten in dem m. E;
    4, 2 Wan Mi.: Wenne E; der *erg.* Wa., Mi.; fraude E;   3 Wan Mi.: Wenne E; wint und dor zuo E: Mi. *str.* und;   4 augen E;   5 gruene laup E;
    5, 3 so Mi.: Noch kummet die zit daz er in die s. g. E;   4 gelobet mir Mi.: mir gelobet E;   5 ho Mi.: hohe E.
    54, 5, 2 denne EF; gesanc E;   3 Des ne gedankestu O: Und des endanckest du F;   4 dir EO: dich F; so fehlt in F;

5 Weistu wie sie wünschent dir?
daz si saelic si, durch die man uns sus singet.
sich, frouwe, den gemeinen wunsch hast ouch von mir.

Zu Lied 56: „Verlorene Zeit" (= L. 52, 23)

6 Si hat mir bescheiden manigen tac   L. 177, 1 (E 48. O 34)
und versumet min vil schoene leben.
Als ichs nu niht me erliden mac,
so wil ich ir ouch ein ende geben.
5 Tuot si mir genade da,
so diene ich ir mit eren.
sol ab ich mich keren
von ir gar, so tanze ich anderswa.

7 Maniger klaget, sin frouwe spreche nein,   L. 177, 9 (E 49. O 35)
so klage ich, daz mine sprichet ja.
Aller worte kan sie niht wan ein:
daz hoer ich vil selten anderswa.
5 In weiz ob sie spotte min:
sie versaget mir nimmer,
sie gelobet mir immer.
gerne und ja daz müeze unsaelic sin.

Zu Lied 58: „Vor Gericht" (= L. 40, 19)

5 Frowe Minne, ir sult mir lonen   L. 168, 1 (E 31. U^x 17)
baz denn einem andern iuwern man,
unde sult min mere schonen

    5, 5 wie FO; wes E; wunschet F;   6 von der man E; uns sust FO: uns so schone E;   7 hastu FO.
    6, 1 geschadet L.; vil m. E: str. Wa., von O bestätigt;   2 mir E: min L., von O bestätigt;   3 ichs O (und schon vorher L.): ich sie E: ichz Kr.; mer geliden E;   4 ouch ein ende Haupt, Kr., Mi.: auch eine E: doch eynen O;   5 da in E nachgetragen;   6 ir mere Wa.; ir fehlt in O;   7 So ... kere Wa.;   8 gar fehlt in O; ich aber anderswar E; so t. abe anderswa L.
    7, 1/2 steht in O hinter 3/4;   2 sprechet O;   3 niht wan Kr.: nicht wen O: nür E: niwan L., M.;   4 vil fehlt in O;   6 sie ne O   8 muoz E.
    5, 2 iuwern fehlt in E, erg. L.;   3 U^x setzt hier mit *ir mir* st. *min* ein; mere ('künftig') erg. L.: fehlt in EU; min also sch. Mi.;

baz wand ich iu baz gedienen kan.
5 Waz sol iu der niuwe site
daz ir manegen heret
der iuch wider uneret?
da verderbet ir die besten mite.

Zu Lied 63: „Rechte Liebe" (= L. 50, 19)

5 Si beginnent alle L. 176, 1 (E 66)
miner frouwen füeze nemen war.
Mitten in dem schalle
so sich, frouwe, ouch under wilen dar.
5 Umbe die merkaere
la dir sin unmaere:
den grif ich wol naher baz:
daz versuoche alrerst, so denne daz.

Zu Lied 64: „Halmorakel" (= L. 65, 33)

4 Do got geschuof so schoene ein wip, L. 187, 1$^{(2)}$ (F 20. O 40)
do schuof er ir so schoene sinne,
daz man si lobet für mangen lip,
der schoene ist uzen, tump dar inne.
5 Wie sol ich die erwerben, diu so saelic ist?
mit miner saelde erwirb ich lützel da.
ich wil mich rehte an ir genade lazen: ja,
daz ist min enderat und ouch min endelist.

Zu Lied 81: „Veränderliche Welt" (= L. 59, 37)

6 Werlt wie lange sol ich gern? L. 182, 1
du weist wol wes unde wa. (E 119. O 31, Vers 1/2)

5, 4 gedienet han E; Bas als ich iu gedienen kan U; 5 sold U; üch E;
6 eret E; 7 hin wider E.
63, 5, 2 frauwen fuezze E: friundes grüeze Kr.; hinter *war* kein Punkt
Mi.; dagegen Doppelpunkt hinter *schalle*; 5 Ümme E; 7 griffe E.
4, 2 geschuff F; 4 Der sch. Kr.: Ir sch. F, O; uzen O: ouch F; 5 so
rehte FO: rehte str. L., Wa., Mi., Kr.; 6 ir worbe O; da O: dann F (schon
von L. verbessert); 7 lazen ja L.: lan ia F: la. Ja O.

Du muost miner fröude enpern,
mir enwerde buoz alda.
5 Get heim, hiest gesungen.
Wirde ich hie verdrungen,
so besliuze ich mine zungen.

7 Ich han dir gedienet so,   L. 182, 8 (E 120)
Werlt daz ichs mich niht enschame.
So du mich niht machest fro,
dir geschiht vil lihte alsame.
5 Ich wolt och ein kleine.
weistu waz ich meine?
wider liebe liep, daz eine.

Zu Lied 82: „Der Minne Sitte" (= L. 57, 23)

5 Ich han ir gedienet so,   L. 181, 1 (E 24)
diu da heizet frouwe Minne,
daz ichz immer klage.
⟨Wiser man si wiget unho,
5 und⟩ der gouch ist guoter sinne.
daz mich der verjage
der min tore solte sin,
da wir zwene werben umbe ein dinc!
daz dinc tuot fürder: nimmer müeze ez werden min.

Zu Lied 92: „Gegen die Merker" (= L. 63, 32)

5 Ich han diu maere durch diu oren min vernomen L. 187, 1(¹) (G 17)
zetal unz in daz herze min.
Min bote ist mir mit brahten sorgen wider komen:
daz wirt an minen fröuden schin.
5 Nu sagen me von minne wie vil guot si si:
des geloube ich niht wan allez daz ich wil.

6, 3 fraude E;   5 hie ist E;   7 besliuze Wa., Mi., Kr.: beslüzze E.
7, 1 dir L.: ir E;   2 enschame L.: schame E;   3 so Kr.: Swie du mich mit lone maches E: Swie du mich nien maches Mi. (nach L.s Vorschlag): Swie du mich lones m. Wa.;   5 ein vil kleine E: *vil* str. Kr.
5, 2 Diu L.: Daz E; da Wa.: do E;   3 ichz mac i. L.;   4 erg. L.; 5 *und* erg. L.;   6 mich der sol E: mich sol Wa., Kr.: mich der Mi.;

ir lop hat von mir endes zil.
daz was ir ie mit triun nach gote vor allen dingen bi.

Zu Lied 95: „Ein Kunststück" (= L. 47, 16)

2 Got herre   verre   mane ich dich,   L. 174, 1 (Str. 23
niht verre,   herre,   mir   im Anh. des Heidel-
dine hulde.   schulde   han ich vil: berger Freidank)
Nach schulde   hulde   die suoch ich.
5 sit niuwe   riuwe   dir
bringet, riuwe   niuwe   swa du wil,
So bedenket   wol din güete
daz mich hat betrogen
der werlte süeze.
10 ir valschen raete
hant bekrenket   min gemüete:
dicke ich han gelogen.
gern ich dir büeze
missetaete.
15 Ere   sere   mich verriet:
si liuget,   triuget   vil der diet.
Krist der wise   wise   dar
mich da din wünne   künne   wesen gar.

Nachtrag: Im Ton des Palästinalieds

13 Vrawe mein durch ewer gute   L. 139, 1 (F 10)
nue vernemet meine clage.
Das jr durch ewer hochgemute
nich enzürnet was ich sage.
5 Vil leichte das ein tummer man
misse redet als er wol kan
daran solt jr euch nicht keren an.

5, 8 triuwen G; für G.
2, 1 verre *erg.* L.;   4 hulde *erg.* L.;   5 niuwer Hs.;   6 wilt Hs.;
9 wᵉlten Hs: werlde Simr.;   14 Missete Hs.;   17/8 wise mich dar Da Hs.
13, 7 daran solt: „l. da ensult" L.

Anhang II:
Zweifelhafte und unechte Lieder

96. Vermächtnis

1   Ich wil nu teilen, e ich var,   L. 60, 34 (B 62. C 150. E 174. F 29)
    min varnde guot und eigens vil,
    daz iemen dürfe striten dar,
    wan den ichz hie bescheiden wil.
  5 Al min ungelücke wil ich schaffen jenen
    die sich hazzes unde nides gerne wenen,   L. 61, 1
    dar zuo min unsaelekeit.
    mine swaere   haben die lügenaere.
    min unsinnen   schaff ich, die mit velsche minnen,
10 den froun nach herzeliebe senendiu leit.

2   Mir ist liep daz si mich klage   L. 61, 8 (B 87. C 219)
    ze maze als ez ir schone ste.
    Ob man ir maere von mir sage,
    daz ir da von si sanfte we.
  5 Si sol iemer mere durch den willen min
    ungefüege swaere und froide lazen sin.
    daz stet senenden frowen wol
    als ichz meine: ahtet jene vil kleine,

96. L. betrachtet die drei Strophen als echt und als drei selbständige Gebilde; Kr. sieht sie als unecht an und stellt Str. 1 und 3 zusammen; Str. 2 hält er für die Schlußstrophe des folgenden Lieds. Br. nimmt den „Spruch" L. 60, 34 bis 61, 7 als echt auf.

   1, 1 nu fehlt in EF;   **2** varende die aygen F;   **3** nymannt F; durfe striten dar BC: denne strite dar E: denne stercken tar F;   **4** den BC: als EF; ichz hie BC: ich üch E: ich hie F;   **5** wil ich schaffen ienen BC, Kr., Wa.: schaffe ich ienen E; ergenende F;   **6** Die sich BC: Daz sie E: Sich F; neydes unde schatzes gerne w. F: gerne hazzes und n. w. E; gerne fehlt in BC;   **8** Und mein F; haben die in die B: die haben die F;   **9** Minen unsin E; schaffe ich den die BC, L.-Kr.: jene die E: genende F; den *str.* Wa.; vaelsche BC: falsche E: valschen F;   **10** Der C; senende hertze leyt F.
   2, 2 als ir schoene ste C;   **5** iemer mere L.: mere fehlt in BC, Kr.;   **6** so L.: swaere lazen Kr.: Ungefuege sw. und ungefuege vroede lassen sin BC; dar ahtent B: das ahtent C;

die sichs flizent daz si den munt so sere bizent.
10 - - - - - - - - - - - - - - - -

3 Nu bitet, lat mich wider komen, L. 61, 20 (B 88. C 220. F 33)
ich weiz der wibe willen wol.
Ich han von in ein maere vernomen,
da mite ich mange erwerben sol.
5 Ich wil lip und ere und al min heil verswern:
Wie mac sich deheiniu danne min erwern?
nein ich weizgot, swaz ich sage.
got der solte rihten, obe er wolte,
die so swüeren, daz in dougen uz gefüeren
10 und sich doch einest stiezen in dem tage.

97. Im gleichen Ton

1 Sit mir din niht mer werden mac, L. 183, 1 (E 175. F 31)
wan daz ich kume dich gese,
wünsch ich dir heiles naht und tac
und bin och immer an der fle,
5 Daz dich got vor valscher diet bewar
und leite dich alzan der engel schar.
ouch bite ich, swa du mich ersest
daz du tougen dich schone mit den ougen
zuo mir neiges und mir ein kleine lieb erzeiges:
10 son ruoche ich, ob du mich mit worten vest.

2, 9 sich des fl. BC; sú sich den m. B.
3, 1 Nu sweyget und lasset wieder kumen F; 2 weysz vil weyber F;
3 eine me von ir C: aine me von in B: ein rede von jr F; 4 manige B:
menige C: jr vil F; 5/6 in F vertauscht; 5 heyl für sie venym F;
6 Wie kunde sich dehainú (deheine C) min danne erwern BC: Wie mag
sich eine gen mir erweren F; 7 Es waisz ich sage F; was C; 8 Got
solte dicke F. 9 Über die so BC; daz – gefüeren *fehlt in* F; dú ougen BC,
L.-Kr.: dougen Wa.; fueren BC; 10 Und sich doch eines stiezen in den
tage F: Daz sú sich stiessen doch ainest an dem tage BC.
97. Hb. ZfdPh. 63, 220 hält die Echtheit für möglich.
1, 1 dein F: denne E; 2 daz F: als E; ich kunne mich verstee F;
3 So wünsch EF: so str. Wa., Kr.; dir fehlt in E; naht und F: al den E;
4 bin och Wa., Kr.: bin doch E: fehlt in F; iemer mer an meiner fle F;
6 so Kr.: Und leite dich an aller F, Wa.: Und leite ze allen ziten in der E;
7 ich dich E; sehest E; 8 du F: tuo mir E; dich erg. Kr., fehlt EF; Ein
lutzel mit F, Wa.; 9 Dich zuo E; lieb F: liebe E; 10 Jon E: Jo enr.
Wa.; mir m. w. flehest F.

2 „Man mac wol offenbare sen   L. 183, 13 (E 176. F 30)
  din scheiden an den ougen min:
  nu sprich wie waere mir geschen,
  haet ich getan den willen din?
 5 Sone würde ich niemer rehte fro
  du enkaemest wider, ich wirde iedoch also.
  du bist mir ein fremder man.
  we war umbe   clag ich so sere, ich tumbe,
  durch daz eine,   daz wir ie warn mit rede gemeine?
10 doch wizze deich dir wol ze lebenne gan."

3 Ich han vil cleine an dir bejaget,   L. 183, 25 (E 177. F 32)
  wan underwilen einen gruoz.
  du hast mir aber so wol versaget,
  daz ich dir immer dienen muoz.
 5 Ob ich an dir niht erworben han,
  wol mich son hat ein ander ouch getan.
  also kanst du wesen gemeit.
  got dir lone   daz du dich hielde schone.
  wis gesunde: we daz ich dich also funde!
10 nu, frou, gedenke an alle staetekeit!

98. Preis der Minne

1 Junger man, wis hohes muotes   L. 91, 17 (C 65)
  dur diu reinen wol gemuoten wip!
  fröu dich libes unde guotes
  unde wirde dinen jungen lip!
 5 Ganzer fröide hast du niht,
  so man die werdekeit von wibe an dir niht siht.

2, 3 wer E;   5 Son E: Sone Kr.: So enw. Pa.: So F, Wa.; nimmer EF: nimmêre Wa.;   6 Du enkummest E; Du kemest doch wieder in mein tan ye doch so F;   7 Pist du F;   8 Wir wurden ymmer F; clagen so s. i. tumer F;   9 Das waren gut mit reden ie gem. F: daz wir mit rede ie w. g. Wa.;   10 so Wa.; So wizze got F: Wizze E; daz ich EF; ze l. wol gan E.
3, 3 so vil gesaget E;   5 Ob E, Wi., Kr.: Seint F: Sit Wa.;   6 So wol mich so F; auch F: noch E;   7 gemert E;   8 dich Kr.: mich h. also sch. E; Das du mir helffest sch. F;   9 Nun pisz g. F; geswünde E; we daz ich E, Wi., Kr.: Ob ich F: We ob ich Wa.;   10 Frauwe nu E; an alle F, Kr.: an alle mine E: an mine Wa.

2 Er hat rehter fröide kleine, L. 91, 23 (C 66)
  ders von guoten wiben niht ennimt,
  offenbare, stille und eine
  und als ez der maze danne zimt.
 5 Dar an gedenke junger man,
  und wirp nach herzcliebe: da gewinnest an.

3 Ob dus danne niht erwirbest, L. 91, 29 (C 67)
  du muost iemer deste tiurre sin.
  dazt an fröiden niht verdirbest,
  daz kumt allez von der frowen din.
 5 Du wirst also wolgemuot,
  daz du den andern wol behagest, swie si dir tuot.

4 Ist aber daz dir wol gelinget, L. 91, 35 (C 68)
  so daz ein guot wip din genade hat,
  hei waz dir danne fröiden bringet,
  so si sunder wer vor dir gestat.
 5 Halsen, triuten, bi gelegen: L. 92, 1
  von solher herzeliebe muost du fröiden pflegen.

5 Sich, nu hab ich dich geleret L. 92, 3 (C 69)
  des ich selbe leider nie gepflac.
  ungelücke mir verkeret,
  daz ein saelic man volenden mac.
 5 Doch tuot der gedinge wol
  der wile, den ich han, deichz noch erwerben sol.

99. Nachruf

1 Uns ist unsers sanges meister an die vart, L. 108, 6 (A 118 „der
  den man e von der Vogelweide nande, truhseze von S. Gallen")
  diu uns allen nach im ist vil unverspart:
  waz frumt nu, swaz er e der welte erkande?
 5 Sin hoher sin ist worden kranc.

2, 2 der si C; 3 Offenbar C.
3, 2 muost doch i. C.
4, 6 Von so rehter h. C.
5, 2 selber C; 5 tuot mir der C; 6 Der wile L.-Kr.: Und der wille C.

nu wünschen ime dur sinen werden höveschen sanc,
sit dem sin fröide si ze wege,
daz sin der süeze vater nach genaden pflege.

100. Selpvar ein wip

Selpvar ein wip,   so wiz, so rot gelicher staete,   L. 111, 12/13
ungemalet, daz si niht gebuggeramet waere,   (C 377. A 42
ich lob ir lip,   swie ich si doch nie niht gebaete: „Niune")
ja hoere ich gerne von ir guotiu maere,
5 diu ir val har uf gebunden hat.
bi ir manegiu hin zer kirchen gat,
diu ir swarzen nac vil hohe blecken lat.
ich waene daz gebende ungliche stat.

101. Halbes Glück

1 Wedr ist ez übel, od ist ez guot,   L. 120, 25 (C 427 [450].
daz ich min leit verhelen kan?   E 130. O 43)
Wan siht mich dicke wol gemuot,
so truret manic ander man,
5 der minen schaden halben nie gewan.
so gebare ich dem geliche
als ich si maneger fröiden riche.
nu ruochez got gefüegen so,
daz ich von waren schulden müeze werden vro.

100, 1 so Kr.: Ane wiz rot ganzlicher AC, L.: Al wiz rot ganzlicher L.s
Anm.;   3 gebere A;   6 ze kyrchen A;   7 nach v. h. blecket A;
101. Von L. für echt gehalten; von Wa. wurde die erste Strophe als „ein
ungenauer Versuch" für unecht erklärt; nach Sievers und Kr. ist das ganze
Lied unecht; auch Br. läßt es weg. Hb. denkt noch an die mögliche Echt-
heit (ZfdPh. 63, 220). Die Strophenordnung nach Nordmeyer, dem Kraus
zustimmt.
1, 1 ist ez fehlt in O;   2 vůr holen han O;   3 Man E: .] an O;   5 nie
halben CE;   7 si maniger fr. O: si fr. CE, L.;   8/9 so nach O bei Kr.:
Nu muos (müeze L.) ez g. g. so Daz ich (ich noch L.) von w. sch. werde fro
CE, L.

2 Wie kumet daz ich so manegem man   L. 120, 34 (C 428 [451].
    von sender not geholfen han,   E 131. F 26. O 44)
    Und ich mich selben niht enkan
    getroesten, mich entriege ein wan?
  5 Ich minne ein wip, diust guot und wol getan.   L. 121, 1
    diu lat mich aller rede beginnen,
    ich kan ab endes niht gewinnen.
    dar umbe waer ich nu verzaget,
    wan dazs ein wenic lachet so si mir versaget.

3 Genuoge kunnen deste baz   L. 121, 24 (C 431 [454].
    gereden daz si bi liebe sint.   E 134. F 28)
    Swie dicke ich ir noch bi gesaz,
    so wesse ich minner danne ein kint.
  5 Ich wart an allen minen sinnen blint.
    des waer ich anderswa betoeret:
    sie ist ein wip diu niht gehoeret,
    joch guoten willen kan gesehen.
    den han ich, so mir iemer müeze liep geschehen.

4 Si sehe dazs innen sich bewar   L. 121, 6 (C 429 [452].
    (si schinet uzen fröidenrich),   E 132)
    dazs an den siten iht irre war:
    so wart nie wip so minneclich,
  5 so taete ir lop vil frouwen lobe entwich.
    ist nach ir wirde gefurrieret
    diu schoene diu si uzen zieret,
    kan ich ir denne gedienen iht,
    des wirt bi selken eren ungelonet niht.

    2, 1 menigen C: man(i)gen FO;   2 sender F, Wa., Kr.: senender O: siner CE. L.;   3 Und FO: Sit CE; in mir F; selbe E: selber F; kan F; 4 mich nun trage e. w. F;   5 Ich mein F; guot und fehlt in F;   6 Die lat mich F: Die enlat mich CE;   7 Inne aber F;   9 Wenn das sie lützel F; so si m. v. CF: so ist m. v. E.
    3, 1 kunne F;   2 Gernden C; da sie bey leben F;   3 nach bey besasz F; 5 Und wart F;   7 Das ist ein F;   8 Joch Kr.: Und CE, L., Wa.: Und doch F; ersehen F;   9 mir fehlt in C; lob F.
    4, 5 so Kr.: So stet ir ... lobes enwiht (ein wiht C) EC: Sost ir ... lobes entwich L.: Sost et ir ... lobes entwich Wa.;   6 Ist si nach ir CE;   9 sülchen E.

5   Swie noch min fröide an zwivel stat,   L. 121, 15 (C 430 [453].
    den mir diu guote mac vil wol   E 133. F 27)
    gebüezen, ob sis willen hat,
    son ruoche ich waz ich kumbers dol.
  5 Si fragent des mich nieman fragen sol,
    wie lange ich bi ir welle beliben:
    sist iemer mer vor allen wiben
    ein wernder trost ze fröiden mir.
    nu müeze mir geschehen als ich geloube an ir.

102. Ein wip mit wibes güete

1 Ein *wip* mit wibes güete,   L. 166, 21 (a 28)
   diu rehte in wibes sinne treit ein wiplich hohgemüete,
   diu wibet sich so schone daz ir wipheit saelde birt.
   Wol ir diu sich so wibet,
 5 daz si in rehter wibes tugent bi wibes zuht belibet:
   der weiz ich eine, diu des niemer fuoz verstozen wirt.
   Diu reine minnecliche tuot
   so rehte an allen *dingen*,
   da von ir staete wibes ere sint behuot
10 und ouch ir *lip* vor valsche gar, si ist so guot,
   daz ich si naeme, und solt ich weln uz al der welte ein *wip*.

2 Nu hoeret, lat iuch wisen,   L. 166, 33 (a 29)
   wie sich ein saelic *frouwe* sol vor andern frouwen prisen,
   so daz ir lop bekeret nach der besten folge si.
   Si sol die hohfart miden,
 5 da mite ein saelic *frouwe* mac ir wibes zuht versniden,
   und sol doch rehtes hohes muotes niemer werden fri.

5, 1 Wann noch F;   2 gute so wol mag F;   4 ich EF, Kr.: eht C, L.,
Wa.;   5 so Kr.: vraget des mich C, L.: fraget (freget E) mich des mich
EF; fregen E;   6 welle bi ir b. CE, L.: wolde an ir b. F, Wa.: bi ir welle
b. Kr.;   7 mer Kr.: mir F; Si ist mir iemer vor CE;   9 als das ich
globe C.
  1, 4 Wol in ... wibent Wa.;   5 zhueh a; belibent Wa.;   7 minnen-
cliche a, Wa.;   8/9 druckt Wa. als eine Zeile (mit Zäsur);   10 drucken
L. u. Wa. als zwei Zeilen; och a; falze a;
  2, 2 seilich a; fur anderin a;   5 zhueh a;

    Si minne zuht und hohen muot
    si staete an allen *dingen*,
    bescheidenliche fro und doch dar under guot
10 (diemüetic *lip* da bi den allen rehte tuot),
    rein unde erbermic herze habe, und si nach wunsche ein *wip*.

103. Minnesorgen

1   Ich was ledec vor allen wiben: M. F. 84, 37 (E 187. F 3)
    alsus wande ich fro beliben,
    daz mich keiniu me betwunge   M. F. 85, 1
    noch von minen freuden drunge.
  5 do wolt ich daz mir gelunge
    so daz ich doch sanfte runge.
    was daz niht ein tumber muot?
    wer gewan ie sanfte guot?

2   Man sagt mir daz liute sterben,   M. F. 85, 7 (C „Fenis" 23.
    der si wunder die verderben,   E 188. F 39)
    so sin minnen alze sere,
    wafen hiute und immer mere!
  5 wie behalte ich lip und ere?
    ja ists mir ein teil ze here.
    sol si denne ein frouwe sin?
    ja si, weiz got, immer min.

2, 7 zhuet a; kiuschen ? L.;   8/9 druckt Wa. als zäsurierte Langzeile;
9 bischedenliche a;   10 zerlegen L. und Wa. in zwei Zeilen; Diemuoteit
lib a;   11 Reine a; wnzhe a.
103. Hält Hb. (ZfdPh. 63, 1938, 220) für echt.
1, 1 ledig F: leidic E;   22 Das wil ich vor allen frawen singen Und also
wil ich fro beleyben F;   3 keine E: jr keine F; betwünge (auch die Reime
mit ü in E!) E: gunt zwingen F;   4 Und mich E; von meiner freude
dringen F;   5 wolte E;   6 So das senfte runge F;
2, 1 Man saget mir EF: Ich horte ie sagen C; ersterben C;   2 Ir si
wunder C: Der sie auch w. F: Der si vil E;   3 So sie minnent al zuo
(mynnen also F) sere EF: Die da minnen al ze sere C;   4/5 Got behüete
mir lib und ere Ich diene ir iemer swar ich kere C;   6 Ja ist sie F: Nu
ist si C: Si ist E;   7 Wil si danne C; denn F;   8 immer fehlt in C.

3   Wer hat ir gesaget maere   M. F. 85, 15 (E 189. C „Fenis" 24)
    daz mir ieman lieber waere?
    der müez alse unsanfte ringen
    alse ich tuon mit senden dingen.
  5 sol mir an ir misselingen,
    so müez in min sorge twingen.
    tore, kum dins fluoches abe:
    selbe taete, selbe habe.

4   Mir gat einez ime herzen   M. F. 85, 23 (E 190. C „Fenis" 25)
    da von lide ich manigen smerzen.
    daz ersuochet mir die sinne
    beide uzerhalp und inne.
  5 we mir, kumt daz von der minne,
    daz i's immer denne b(e)ginne!
    we, war umbe spriche ich daz?
    tuot ez we, ez tuot ouch baz.

5   Waz würr ob si mich vernaeme,   M. F. 85, 31 (E 191)
    daz ir nimmer missezaeme?
    hete ich doch den schaden eine
    den si hat mit mir gemeine,
  5 so klagt ich ir swigen kleine.
    mac si hoeren waz ich meine

    — — — — — — — — — — — — — — — —
    — — — — — — — — — — — — — — — —

    3, 1 geseit diu mere C;   4 tuo C; seneden E: selken C;   5 niht gelingen C;   6 So muoz in min E: So muos mich diu C;   7/8 in C sind diese Zeilen mit den entsprechenden in Str. 4 vertauscht;   7 Tore tuo dich fluochens abe C;   8 tet E.
    4, 1 Mir wont eines an dem h. C;   2 manigen E: senden C;   3 er süechet E: dur suochet C;   4 Beide usserthalb C: Beidenthalben uzzen E;   5/6 so Kr.: We, mir k. d. von minne. Daz H.;   5 Daz kumt alles von der minne C; kummet E;   6 Ouwe daz ichs ie beginne C;   7/8 sind in C mit den entsprechenden Zeilen der Strophe 3 vertauscht;   8 ez we ez E: si we si C;
    5, 1 so Vogt u. Kr.: Waz wirret (würre H.) daz si E, H.; an Stelle der verlorenen Schlußzeilen steht in E: Auch schadet ir vil cleine.

104. Wol mich lieber maere

1 Wol mich lieber maere,   M. F. 203, 24 (e „Reinmar" 368)
    diu ich han vernomen,
    daz der winter swaere
    welle zende komen.
  5 Kume ich des erbeiten mac,
    wan ich fröide niht enpflac
    sit der kalte rife lac.

2 Mich enhazzet niemen,   M. F. 203, 31 (e „Reinmar" 369)
    ob ich bin gemeit.
    weiz got, tuot ez iemen,
    deist unsaelekeit,
  5 wande ich schaden niht enkan.
    swes ot si mir wole gan,
    waz wil des ein ander man?

3 Solte ich mine liebe   M. F. 204, 1 (e „Reinmar" 370)
    bergen unde heln,
    so müest ich ze diebe
    werden unde steln.
  5 Sinnecliche ich daz bewar.
    min gewerbe ist anderswar,
    ich ge dannan oder dar.

4 So si mit dem balle   M. F. 204, 8 (e „Reinmar" 371)
    tribet kindes spot,
    dazs iht sere valle
    daz verbiete got.
  5 Megde, lat iur dringen sin!
    stozet ir min frouwelin,
    sost der schade halber min.

1, 2 Diu B., Kr.: Daz e, H.; vernummen e;   3 Daz ist der e; *ist* str. H.;
4 ze ende H.; kummen e;   5 Vil kum e: *Vil* str. H.;   6 Wan B., Kr.:
Sit e, H.;
    2, 1 Michn hazzet nieman e;   3 ieman e;   4 Daz ist e;   5 Wenne e;
6 wol e.
    4, 3 Daz sie e;   5 iuwer e;   7 So ist e.

105. Ja lige ich mit gedanken

Ja lige ich mit gedanken   der alrebesten bi.   L. XIII, 1 (A 42)
mirst leit daz ich sie ie gesach,   sol si mir fremede sin.
ichn mac ir niht vergezzen   deheine zit: sist guot.
und ist behuot,
5 des truret mir der muot.
ir sult mir alle helfen   klagen diu leit diu man mir tuot.

106. Herzeliebez frouwelin

Herzeliebez frouwelin,   tuo an mir din ere!   L. XIII, 11 (E 50)
da von solt du saelic sin   hiut und immer mere.
frouwe, du solt machen   mich und manegen fro,
daz wir dich an lachen: wol dir, tuost also!
5 frouwe, du solt tragen   pfeller unde siden,
daz si gar verzagen,   jene die uns da niden:
und suln als schone zieren dich,
daz du noch solt geweren mich.

107. Ja waz wirt der kleinen vogeline?

1   Ja waz wirt der kleinen vogeline?   L. XV, 1 (E 16)
der kalte sne   der tuot in we.
Daz sint nu die meiste swaere mine,
mirn füege got   sülchen spot
5 daz die schoene ungnade an mir taete,
diu mir naehest minen arn vernaete.

2   Ouwe daz ich also rehte verre   L. XV, 9 (E 17)
von ir hin   gevaren bin!

105. L. zählt in dem Lied zehn kurze Zeilen.
Z. 6 diu man an ir tuot A: man mir t. L.
106. L.-Kr. drucken das Lied in Kurzzeilen.
v. 3 Frouwe erg. L., fehlt in E.
107. L.-Kr. u. Wa. schreiben die Zeilen 2 und 4 in je zwei Zeilen.
1, 1 vogelin E;   2 Wa. str. *der*;   4 mirn f. Wa.: Mir enf. E, L.-Kr.;
5 gnade ... taete E; ungnade Wa.; spaete L.;
2, 2 gevaren bin / von ir hin Wa.;

Jo fürhte ich sere daz ez mir gewerre,
dazs ieman siht   und ich niht.
5 Wolte got und waerens alle toren
die ir so vil gerunen zuo den oren.

3 Wil si wider si so lange striten   L. XV, 17 (E 18)
als wider mich   daz lob ich.
So getuot siz noch in langen ziten:
e daz erge,   ich kum e.
5 Wan des einen fürht ich harte sere:
kan ich vil, si künnen lihte mere.

4 Tumbe liute nement mich besunder   L. XV, 25 (E 19)
und fragent da bi,   wer si si.
Rieten siz, daz waere ein michel wunder:
wan nie geschach   des ich da jach.
5 Müget ir hoeren gemelichiu maere?
gerne weste ich selbe wer si waere.

108. Wie han ich unsaelic man

1 Wie han ich unsaelic man   L. XVII, 31 (E 106. F 9)
zallen spilen solich ungevelle,
daz ich niht gedienen kan
daz mir ieman rehte lonen welle?
5 Mac ich dienen anderswa,
da min dienest mich verva,
als ich bite daz man spreche ja?

2, 3 vil sere deiz mir werre Wa.;   4 so Wa.: Dazs ein ander siht E, L.-
Kr.;   6 Dier Wa.;
3, 3 *So* erg. L.: fehlt in E;   4 E daz erge Wa.: E dem ez erge E, L.;
6 si künnen l. m. Kr.: sie kan liht mere E: so kan si l. m. L.: si kan vil
l. m. Wa.;
4, 2 fragent mich da bi E: fragent bi L.-Kr.: fregent da bi Wa.;   4 Wan
daz nie g. E, L.-Kr.: *daz* str. Wa.; *da* str. Wa.;   6 so L.: ich wer si selbe
were E.
1, 1 vil selig E, dem sich Wa. anschließt; vil unselig F: unsaelic L.-Kr.;
2 Zuo allen spiln sus getan geviele E: Zu allem spil solich ungevelle F:
Zallen spilen so getan ungevelle L.-Kr.: Zallen spilen sus getan gevelle Wa.;
3 gediene F;   4 Daz nymant F;   5 denn F. 6 Das F.   7 pete F:
baete Wa.; spraeche Wa.

2 Waere ich bi ir tusent jar,   L. XVIII, 1 (E 107)
   so enkönde ich aller rede mere,
   wan daz ich ir gerne war
   sage und liep han ir lip und ir ere.
5 Des biut ich ir minen eit:
   wil siz groezer sicherheit,
   mac si sprechen ja, ich bin bereit.

3 Eines dinges prise ich sie,   L. XVIII, 8 (E 108)
   daz si ist so rehte wol versunnen,
   daz si gerne midet die
   die so vil unützer rede kunnen.
5 Wol mich dazs erkennen kan
   einen lachenden man!
   daz sint dinc der ich ir vil wol gan.

4 Könde ich des geniezen iht,   L. XVIII, 15 (E 109)
   dazs an mir genaedecliche taete,
   son könd ich verderben niht:
   sus ist al min fröude gar unstaete.
5 Seht an disen grisen roc:
   ich gewinne alsülchen loc,
   und ein grawez kinne als ein boc.

109. Ez was an einer wünneclichen stat

1 „Ez was an einer wünneclichen stat   L. XXVI, 1 (U^x 15)
   daz wir zwei gerieten.
   min herre der mich hie beliben bat,
   der mac mir gebieten.
5 Ja enist ez niht ein dürre widenblat
   dar an ez mir wirret.
   herre, ir habt es sünde ob ir mich irret."

2, 3/4 so L.-Kr.: ir gerne sage war und E: ir sage war / umbe Wa.;
3, 2 Des ist sie so E, Wa.: Daz si ist so L.-Kr.;   6 lachendigen Wa.:
„*etwa* lechelenden?" L.;   7 ich ir vil L.: ich in vil Wa.: ich ir E;
4, 7 kinde E.
109. Ohne Namen unter Liedern Walthers überliefert.
1, 5 Ja nistet nicht U.

11 Maurer

2 Diu guote der ich immer dienen sol L. XXVI, 8 (U^x 16)
  sunder valschez losen,
  ir wangen diu gelichent sich vil wol
  den liljen unde rosen.
5 Waz ist wunders ob ich ...
  . . . .
  . . . .

110. Ez sprach ein wip bi Rine

1 Ez sprac]h ein [wip] bi Rine L. XXVI, 1 (U^{xx} 3)
  ze einem [vogeline
  „m]in man der heizet Isengrin,
  du solt im sag]en, bote min,
5 daz er umb [unser ere
  von] Pülle wider kere.

2 Unser [zweier veste L. XXVI, 7 (U^{xx} 4)
  d]ar suochent vremede geste.
  wan [daz ich vil] listec bin,
  sie stigen nahtes zuo [mir in
5 und] slichen zeiner lucken,
  die bi[rge ich vor ir] tucken.

3 Ich han gegen ir man[gen L. XXVI, 13 (U^{xx} 5)
  niht schermes] vür gehangen,
  wan einen riht[en sie her vür]e,
  der snellet vaste unz an die t[üre.
5 Waz] frumte ich alters eine?
  er wirfet [swaere ste]ine."

2, 4 *Den* erg. Kr.: fehlt in U.
110. Ohne Namen unter Liedern Walthers überliefert. Die Ergänzungen stammen von Kraus, soweit nicht im Apparat anderes vermerkt wird.
  2, 1/2 Unser [alten v. j]a schlägt Mi. vor;   2 D]a U;   4 so erg. Leitzmann, dem Kr. folgt: zuo [zir in Mi.;   6 Die be[U; rucken (*oder* zucken?) U;
  3, 2 „oder hürde?" Kr.; uor U;   3 „l. eine?" Kr.; riht[en sie Leitzmann;   4 „l. Diu?" Kr.;   6 swaere erg. Leitzmann.

4 An disem vogeli[n]e   L. XXVI, 19 (U^{xx} 6)
   so stet[z nu Isen]grine.
   geswichet ir daz vogelin,
   daz klaget i]emer Isengrin.
 5 ‚Wan hebestu d[ich ze Pülle?‘]
   ‚wip, den graben gefülle!‘

4, 1 disen U;   3 so Kr.: Vertirbet nu daz U;   6 über *die* von gleicher Hand durchgestrichenes *den* U.

Verzeichnis der Strophenanfänge nach den Reimen

(Liedanfänge sind gesperrt; die Reinmarstrophen sind mit * versehen)

		Seite
A	Diu welt was gelf, rot unde bla	102
	*Genade ist endeliche da	85
	Gerne slief ich iemer da	100
	Genaedeclichiu Minne, la	77
	*Frage er wie ich mich gehabe	53
	Friuntlichen lac	135
AC	Ich weiz wol daz diu liebe mac	111
	Ichn weiz wiechz erwerben mac	124
	Daz muoz also geschehen daz ich es niene mac	136
	Sit mir din niht mer werden mac	150
	Got gebe ir iemer guoten tac	40
	Hat der winter kurzen tac	62
	Versumde ich disen wünneclichen tac	65
	Ich bin einer der nie halben tac	143
	Si hat mir bescheiden manigen tac	145
	Frowe, ir habt ein vil werdez tach	126
	Minne, wunder kan din güete liebe machen	43
	Roter munt, wie du dich swachest	58
	Do het er g(e)machet	101
	Nideriu minne heizet diu so swachet	120
AF	Sich krenkent frowen unde pfaffen	105
AG	Maneger fraget waz ich klage	41
	*Daz ich min leit so lange klage	84
	Mir ist liep daz si mich klage	149
	*Waz ich nu niuwer maere sage	66
	*Ungefüeger schimpf bestet mich alle tage	50
	Owe miner wünneclichen tage	78
	Swer verholne sorge trage	60
	Daz er bi mir laege	101
	Ich wil einer helfen klagen	61
	Du solt im, bote, min dienest sagen	54
	Ich wil tiuschen frowen sagen	67
	Mir ist min erre rede enmitten zwei geslagen	133
	*In disen boesen ungetriuwen tagen	88
	Frowe, lat michz also wagen	45
	Ich sage iu wer uns wol behaget	117
	Ich han vil cleine an dir bejaget	151
	Vil maneger fraget	127
AH	*Ich wil allez gahen	47
	Sit daz im die besten jahen	51
	Lange swigen des hat ich gedaht	85
	Swer uns fröide wider braehte	140

		Seite
AL	Uns hat der winter geschat über al	60
	Si beginnent alle	146
	So si mit dem balle	158
	Ez waer uns allen	126
	Frowe, ich wil mit hohen liuten schallen	115
	Die so frevellichen schallent	141
	Sol ich in ir dienste werden alt	86
	Wer gap dir, Minne, den gewalt	77
AM	*So wol dir, wip, wie reine ein nam!	66
	Min erste rede dies ie vernam	55
	Wip muoz iemer sin der wibe hohste name	107
	Waz würr ob si mich vernaeme	157
AN	Nu, frowe Minne, kum si minneclichen an	127
	*Und ist daz mirs min saelde gan	48
	Lat mich zuo den frowen gan	83
	Wolte der winter schiere zergan	144
	*Swaz jare ich noch ze lebenne han	48
	Der ich vil gedienet han	69
	Vil minneclichiu Minne, ich han	76
	Min ungemach, daz ich durch sie erliten han	133
	Wie fro Saelde kleiden kan	59
	Kund ich die maze als ich enkan	116
	Friundinne min, du solt din truren lan	136
	Wirde ich iemer ein so saelic man	38
	*Ich wirbe umb allez daz ein man	47
	Ich freudehelfeloser man	75
	Da si wont, da wonent wol tusent man	80
	Reiniu wip und guote man	84
	Wie kumet daz ich so manegem man	154
	Wie han ich unsaelic man	160
	Got hat vil wol ze mir getan	41
	*Ob ich nu tuon und han getan	67
	Ir sit so wol getan	95
	Mich hat ein wünneclicher wan	52
	In einem zwivellichen wan	93
	Wer sol dem des wizzen danc	71
	Nu sing ich als ich e sanc	61
	Disen wünneclichen sanc	63
	Die losen schelten guoten wiben minen sanc	108
	Wol mich der stunde, daz ich sie erkande	89
	*Swaz in allen landen	47
	Ich kam gegangen	101
	Ich han gegen ir mangen	162
	Ja lige ich mit gedanken	159
	Do beduhte mich zehant	99
	Nemt, frowe, disen kranz	94
AR	Der blic gefröut ein herze gar	111
	Minne was min frowe gar	122

VERZEICHNIS DER STROPHENANFÄNGE NACH DEN REIMEN

		Seite
	Wer gesach ie bezzer jar	61
	Waere ich bi ir tusent jar	161
	Als ich mit gedanken irre var	142
	Ich wil nu teilen, e ich var	149
	Si sehe dazs innen sich bewar	154
	Frowe, vernemt dur got von mir diz maere	38
	*Mich betwanc ein maere	47
	Wol mich lieber maere	158
	Wer hat ir gesaget maere	157
	Bin ich dir unmaere	91
	Frowe, ich trage ein teil ze swaere	74
	Ich trage inme herzen eine swaere	114
	Vor den merkaeren	127
	Hie vor, do man so rehte minneclichen warp	106
	Uns ist unsers sanges meister an die vart	152
AS	Do der sumer komen was	99
AT	Bi den liuten nieman hat	123
	Swaz mir nu wirret, des wirt allez rat	144
	Hoera Walther, wiez mir stat	63
	Lat iu sagen wiez umbe ir zouber stat	81
	Swie diu heide in manicvalter varwe stat	139
	Swie noch min fröide an zwivel stat	155
	Ez was an einer wünneclichen stat	161
	Ich han iu gar gesaget daz ir missetat	110
	Ich wil dir jehen daz du min dicke sere baete	71
	Dicke dunke ich mich so staete	50
	Friundin unde frouwn in einer waete	115
AZ	Frowe, nu daz si, ich wil beliben baz	136
	Genuoge kunnen deste baz	154
	Welt, du ensolt niht umbe daz	121
	*Owe ⟨mir⟩ daz ich einer rede vergaz	88
	Bi der schoene ist dicke haz	90
	Noch dulde ich tougenlichen haz	129
	Ja möhte ich michs an in niht wol gelazen	39
E	Ich wünsche daz der winter zerge	144
	Ich saz uf eime grüenen le	102
	Ichn weiz wie din wille ste	121
	Es tuot mir inneclichen we	41
	Der rife tet den kleinen vogelen we	64
EB	Mit valscheloser güete lebt	52
	Waz hat diu welt ze gebenne	130
EH	Ich hoere iu so vil tugende jehen	115
	Daz muoz also geschehen	136
	Hoeret wunder, wie mir ist geschehen	86
	Mir ist von ir geschehen	96
.	Vor den merkaeren kan nu nieman liep geschehen	127
	Ich han lande vil gesehen	68
	*E dazd iemer im verjehest	53

VERZEICHNIS DER STROPHENANFÄNGE NACH DEN REIMEN

		Seite
EI	Fröide und sorge erkenne ich beide	103
	Unter der linden an der heide	101
	Waenet huote scheiden	130
	Wol dir, meie, wie du scheidest	58
	Muget ir schouwen waz dem meien	57
	Het ich niht míner fröiden teil	72
	Maniger klaget, sin frouwe spreche nein	145
	Gewinne ich iemer liep, daz wil ich haben eine	70
	Ouwe, wolte ein saelic wip alleine	69
	Er hat rehter fröide kleine	152
	Swa ein edeliu schoene frouwe reine	118
	Ich wil guotes mannes werdekeit	142
	Hast du triuwe und staetekeit	91
	Wir wellen daz diu staetekeit	116
	Miner frouwen darf niht wesen leit	79
	Ane liep so manic leit	82
	*Ich sach si waere ez al der werlte leit	88
	*Zwei dinc han ich mir für geleit	67
	Friuntlichen lac ein riter vil gemeit	135
EL	Sol ich miner triuwe alsust engelten	114
EM	Wil si fuoge für die schoene nemen	80
EN	Sich waenet maneger wol begen	113
	Man mac wol offenbare sen	151
	Ich han den muot und die sinne gewendet	89
	Leider ich muoz mich entwenen	123
ER	Ja herre, waz gedenket der	113
	Der also guotes wibes gert als ich da ger	109
	*Spreche er, daz er welle her	53
	Man sagt mir daz liute sterben	156
	Süeze Minne, sit nach diner süezen lere	44
	Wold er mich vermiden mere!	51
	Frowe Minne, ich klage iu mere	81
	Si saelic wip, si zürnet wider mich ze sere	70
	Frowe, daz wil ich iuch leren	45
	Sich, nu hab ich dich geleret	152
	Werlt wie lange sol ich gern?	146
	Got herre	148
	Ouwe daz ich also rehte verre	159
	Waz sol ein man der niht engert	111
	Frowe, ir sit schoene und sit ouch wert	125
	Mir gat einez ime herzen	157
ES	Ich bin ein wip da her gewesen	49
	Unser [zweier veste	162
I	Ich wande daz si waere missewende fri	109
	In weiz niht wol wiez dar umbe si	37
	Swer giht daz minne sünde si	56
	Swie liep si mir von herzen si	94
	Frowe, nu daz si	136

		Seite
	Zwo fuoge han ich doch, swie ungefüege ich si	105
	Vil maneger fraget mich der lieben, wer si si	127
	Die toren sprechent snia sni	102
IB	Al min fröide lit an einem wibe	39
	Mich fröit iemer daz ich also guotem wibe	44
	Ich gesprach nie wol von guoten wiben	69
	Ich was ledec vor allen wiben	156
IC	*Der ie die werlt gefröite baz dann ich	88
	Sie verwizent mir daz ich	90
	Frowe, als ich gedenke an dich	60
	*Si ist mir liep, und dunket mich	48
	*Die hohgemuoten zihent mich	66
	Fro Saelde teilet umbe mich	75
	Ir houbet ist so wünnenrich	97
	Genade, frowe! tuo also bescheidenliche	70
	Min frouwe wil ze frevelliche	104
	Do het er g(e)machet also riche	101
	In gesach nie tage slichen	73
	Ir vil minneclichen ougenblicke	114
ID	Nit den wil ich iemer gerne liden	114
	Du solt eine rede vermiden	73
	Ich weiz si diu daz niht ennidet	105
IE	Min frowe ist underwilent hie	128
	Ich ensach die schoenen nie	63
	Mich duhte daz mir nie	95
	Eines dinges prise ich sie	161
	Solte ich mine liebe	158
	Daz er bi mir laege, wessez iemen	101
	Mich enhazzet niemen	158
	Der riter dannen schiet	138
	Swer unfuoge swigen hieze	141
	Frowe, enlat iuch des so niht verdriezen	38
	Frowe, enlat iuch niht verdriezen	44
	Frowe, lat mich daz geniezen	82
IG	Ich wünsche mir so werde daz ich noch gelige	132
IH	Könde ich des geniezen iht	161
	Ein man verbiutet ane pfliht	49
	Maneger waenet, der mich siht	124
	Maneger truret, dem doch liep geschiht	142
IL	Du hast lieber dinge vil	121
	Ich han ir gedienet vil	124
	Si fragent unde fragent aber alze vil	138
	Genade, frowe Minne, ich wil	76
	Mir tuot einer slahte wille	50
IM	Ich wil also singen immer	144
IN	Min gedinge ist, der ich bin	42
	Herzeliebez frouwelin	90
	Herzeliebez frouwelin	159

VERZEICHNIS DER STROPHEN   69

                      ite

  Friundinne min   36
  Wiste si den willen min   42
  Von der Elbe unz an den Rin .   68
  Welt ir wizzen waz diu ougen si... 37
  *Ich wil von ir niht ledic sin 85
  *Wie mac mir iemer iht so liep gesin 87
  Nu bin ich iedoch   fro und muoz bi fröiden sin 126
  Mac iemen deste wiser sin 129
  We wie jamerlich gewin 83
  Under der linden 101
  Ja waz wirt der kleinen vogeline 159
  An disem vogeli[n]e 163
  Ez sprac]h ein [wip] bi Rine 162
  Wol iu kleinen vogellinen 103
  Die verzageten aller guoten dinge 114
  Uns wil schiere wol gelingen 57
  Waz sol lieplich sprechen, waz sol singen 64
  Wer kan nu ze danke singen 103
  Owe, hovelichez singen 140
  So die bluomen uz dem grase dringent 118
  Git daz got daz mir noch wol an ir gelinget 43
  Ist aber daz dir wol gelinget 152
  Saget mir ieman, waz ist minne 74
  Ich bin iuwer, frowe Minne 82
  Nu, frowe Minne 127
  Ich minne 143
  Aller werdekeit ein füegerinne 119
  Frowe, des versinne 92
  Sumer unde winter beide sint 37
IP *Als eteswenne mir der lip 48
  Ich wil al der werlte sweren uf ir lip 131
  Der riter dannen schiet, do sente sich sin lip 138
  Die mine fröide hat ein wip 52
  Min frouwe ist ein ungenaedic wip 78
  Mich nimt iemer wunder waz ein wip 79
  Sie wunderwol gemachet wip 96
  Ein vil wunderaltez wip 100
  Er saelic man, si saelic wip 113
  Do got geschuof so schoene ein wip 146
  Selpvar ein wip 153
IR Wie sol man gewarten dir 120
  Daz enkunde nieman mir 63
  Ob dus danne niht erwirbest 152
  Daz mich, frowe, an fröiden irret 58
IS Nu hoeret, lat iuch wisen 155
IT Swa so liep bi liebe lit 62
  Ich bin iu eines dinges holt, haz unde nit 109
  Ich lepte wol und ane nit 128

		Seite
	Möhte ich verslafen des winters zit!	61
	Ich minne, sinne lange zit	143
	Ein niuwer sumer, ein niuwe zit	110
	Frowe, ez ist zit	137
	Waz ich doch gegen der schoenen zit	112
	Herren unde friunt, nu helfet an der zit	132
	Welt, tuo me des ich dich bite	121
	In gesach nie sus getane site	79
	Minne diu hat einen site	122
	Wil si wider si so lange striten	160
	Als ich under wilen zir gesitze	40
IZ	Got hat ir wengel hohen fliz	97
O	Ich waere dicke gerne fro	40
	Wil ab iemen wesen fro	59
	Ich bin nu so rehte fro	62
	*Ich bin der sumerlangen tage so fro	87
	Mich hat ein halm gemachet fro	93
	Muoz ich nu sin nach wane fro	112
	Ich wil nu mer uf ir genade wesen fro	132
	Ich bin als unschedeliche fro	141
	*Lieber bote, nu wirp also	53
	E danne ich lange lebt also	102
	Frowe, ir habt mir geseit also	125
	Ich han dir gedienet so	147
OC	Nu bin ich iedoch	126
	Ich han ir so wol gesprochen	81
OG	Habe ir ieman iht von mir gelogen	80
	Tiusche man sint wol gezogen	68
	In gesach nie houbet baz gezogen	78
OL	Sit deich ir eigentlichen sol	55
	Herre, waz si flüeche liden sol	86
	*Mich hoehet daz mich lange hoehen sol	87
	Ob ich mich selben rüemen sol	125
	Owe, daz mir so maneger missebieten sol	134
	Waz helfent bluomen rot, sit ich nu hinnen sol	137
	Ich wil der guoten niht vergezzen noch ensol	139
	Diu guote der ich immer dienen sol	162
OM	Ir sult sprechen willekomen	67
	Nu bitet, lat mich wider komen	150
	Minne hat sich an genomen	122
	Die mir in dem winter fröide hant benomen	131
	Ich han diu maere durch diu oren min vernomen	147
ON	*Daz ich also vil da von	54
	Frömdiu wip diu dankent mir vil schone	69
	Frowe Minne, ir sult mir lonen	145
OR	Die daz rehte singen stoerent	141
	Herre got, gesegene mich vor sorgen	39
	In getar vor tusent sorgen	51

		Seite
	Scheidet, frowe, mich von sorgen	59
	*Wol im daz er ie wart geborn	84
	*Waz unmaze ist daz, ob ich des han gesworn	50
	Minne ist ein gemeinez wort	42
OS	Müeste ich noch geleben daz ich die rosen	64
OT	Si nam daz ich ir bot	95
	*Herzeclicher vröide wart mir nie so not	49
	Uns hat der winter kalt und ander not	64
	Staet ist angest unde not	71
	Es waer uns allen einer hande saelden not	126
	Die schamelosen, liezen si mich ane not	139
	Si hat ein küssen, daz ist rot	98
	Waz helfent bluomen rot	137
	*Des er gert daz ist der tot	54
	Die zwivelaere sprechent, ez si allez tot	108
OU	Sit daz nieman ane fröide touc	37
	Der diu wip alrerst betrouc	42
	Zwene herzeliche flüeche kan ich ouch	131
	Bi dem brunne stuont ein boum	99
	Ich kam gegangen zuo der ouwe	101
	Swanne ichs alle schouwe	92
	Die herren jehent, man sülz den frowen	104
	Nu wol dan, welt ir die warheit schouwen	119
OZ	Min frouwe ist zwir beslozzen	130
U	Ich bin verlegen als ein su	103
UE	Ein 'wip' mit wibes güete	155
	Vrawe mein durch ewer güte	148
	Frowe, sendet im ein hochgemüete	38
	Daz ich dich so selten grüeze	72
	Beide schowen unde grüezen	45
UL	Wan sol sin gedultic wider ungedult	131
UN	Tumbe liute nement mich besunder	160
	Obe ich rehte raten künne	74
	Ich wil iu ze redenne gunnen	45
UO	Ich vertrage als ich vertruoc	91
	Daz die man als übel tuont	83
	Dir hat enboten, frowe guot	54
	Do mich duhte daz si waere guot	86
	Minne sol daz nemen für guot	123
	Wedr ist ez übel, od ist ez guot	153
	Frowe, ich weiz wol dinen muot	72
	Ich sage iu waz uns den gemeinen schaden tuot	106
	Sol daz sin din huote	92
	Ganzer fröiden wart mir nie so wol ze muote	43
	Junger man, wis hohes muotes	151
	Ir kel, ir hende, ietweder fuoz	98
	Ich sanc hie vor den frowen umbe ir blozen gruoz	107
UR	Kan min frouwe süeze siuren	75

Konkordanz mit der Strophenfolge Lachmanns:

L.	=	Nr.	L.	=	Nr.
13, 33		35	69, 1		54
39, 1		44	70, 1		53
39, 11		68	70, 22		51
40, 19		58	71, 35		40
41, 13		94	72, 31		60
42, 15 (31)		43	73, 23		88
43, 9		78	74, 20		65
44, 11 (+ 171, 1)		86	75, 25		69
			85, 34		37
44, 35		71	88, 9		91
45, 37		79	90, 15		59
46, 32		80	91, 17		98
47, 16		95	92, 9		74
47, 36		72	93, 19		87
49, 25		62	94, 11		67
50, 19		63	95, 17		75
51, 13		42	96, 29		52
52, 23		56	97, 34		85
53, 25		66	99, 6		31
54, 37 55, 35 }		55	100, 3		50
			108, 6		99
56, 14		49	109, 1		36
57, 23		82	110, 13		61
58, 21		73	110, 27		70
59, 37		81	111, 12		100
60, 34		96	111, 22		38
61, 33 (+ 185, 31) }		90	112, 3		47
			112, 17		76
62, 6		84	112, 35		32
63, 8		77	113, 31		39
63, 32		92	114, 23		48
64, 31		93	115, 6		33
65, 33		64	115, 30		57

L.	=	Nr.	L. (M. Fr.)	=	Nr.
116, 33		83	217, 1		41
117, 29		45	XIII, 1		105
118, 24		46	XIII, 11		106
119, 17		34	XV, 1		107
120, 16		41	XVII, 31		108
120, 25		101	XXVI, 1[(1)]		109
166, 21		102	XXVI, 1[(2)]		110
171, 1		86			
183, 1		97	M. F. 214, 34		41
184, 1		89	M. F. 84, 37		103
185, 31		90	M. F. 203, 24		104

Bei Fragen zur Produktsicherheit wenden Sie sich bitte an:
If you have any questions regarding product safety,
please contact:

Walter de Gruyter GmbH
Genthiner Straße 13
10785 Berlin
productsafety@degruyterbrill.com